Lebensbaum
Soziale Hilfen e.V.
Oststraße 36
4806 Werther
Tel.: 0 52 03 / 43 46

Edward C. Whitmont

Konflikt – Krankheit

Texte des Salzburger Seminars

September 1988

W0368171

Homöopathische Kursbücher I

Ulrich Burgdorf - Verlag für homöopathische Literatur

© Copyright 1988 by Ulrich Burgdorf – Verlag für homöopathische Literatur, D - 3400 Göttingen, West-Germany

Alle Rechte vorbehalten, einschließlich der auszugsweisen oder photomechanischen Wiedergabe, der Mikroverfilmung und der Übertragung in eine maschinenlesbare Sprache sowie der Programmierung und Speicherung auf Datenträger
Druck: Druckerei Sourrouille, Göttingen
Bindung: Buchbinderei Kilanowski, Kassel
Printed in West Germany

ISBN 3-922345-59-X

Vorwort des Verlages

Über die Erlaubnis Herrn Dr. Whitmonts, den Text seines Seminars in Salzburg 1988 zu veröffentlichen, freue ich mich sehr. Nach Abschluß unserer redaktionellen Arbeiten hat Herr Dr. Whitmont den Text noch einmal kritisch durchgesehen.

So ist die Materialfülle, die er uns innert zweier Tage brachte, zur Aufarbeitung verfügbar; auch für jene, die an seinem Seminar nicht teilgenommen haben. Natürlich kann ein Buch nicht den direkten Impuls der persönlichen Begegnung ersetzen, aber insofern einen Abglanz desselben vermitteln, als es die Ideen, die in dieser Begegnung entwickelt wurden, unverlierbar macht.

Dr. Whitmonts Theorie des einheitlichen psychosomatischen Feldes, in dem Geist und Materie eins sind, wird durch seinen Brückenschlag über die Disziplinen unter dem Blickwinkel des Naturgesetzes der Heilung weiter ausgeführt und es wird gezeigt, daß »similia similibus curentur« nicht nur für die wissenschaftliche Arzneitherapie von zentralster Bedeutung ist, sondern daß das analoge Denken für die Lebenspraxis des Einzelnen wie für die Probleme der Gesellschaft Lösungsansätze bietet. Dieses erweist sich im Mythos und in der Psychologie ebenso wie in der modernen Physik.

Ein bedeutenderer Auftakt für unsere Reihe »Homöopathische Kursbücher« läßt sich schwerlich vorstellen.

Göttingen, im August 1989

Ulrich Burgdorf

HOMÖOPATHISCHE KURSBÜCHER

Bisher erschienen:
Band I:
EDWARD C. WHITMONT
KONFLIKT – KRANKHEIT

Band II:
PROCESO SANCHEZ ORTEGA
BEITRÄGE ZU THEORIE UND PRAXIS DER CHRONISCHEN MIASMEN HAHNEMANNS

In Vorbereitung:
Band III:
GEORGOS VITHOULKAS
DAS BERNER SEMINAR 1987

Band IV:
WOLFGANG SPRINGER
DAS BERNER SEMINAR 1988

Inhaltsverzeichnis

Samstagvormittag

Einleitung

Goethe hat zu sagen: »Das Halbbewußte hindert das Wissen, da aber alles unser Wissen nur halb ist, verhindert unser Wissen das Wissen«. Das ist wesentlich, denn wir meinen vieles zu wissen, das scheinbar definitiv klingt, aber nichts ist definitiv. Jung hatte dazu zu sagen, in der Psychotherapie, und das ist allgemein so, sind Theorien des Teufels. Wir können ihrer nicht entraten, aber wir sollen niemals an einer festhalten, sobald sie nicht mehr hilfreich ist. Also bitteschön, nehmen Sie das, was ich zu sagen habe, in diesem Sinne auf.

Also, ich sage Ihnen gleich, was ich versuche darzustellen, nämlich – bescheiden bin ich ja nicht – einen Versuch einer allgemeinen Feldtheorie des Psychosomatischen – der Körper- Geist- Seele-Beziehung, das was einheitlich durchgeht und den Menschen zu einem organismischen Geschehen zusammenschließt – wobei »zusammenschließt« ein falscher Ausdruck ist, es war niemals getrennt, es ist uns bloß nur so eingefallen, nach Karthesius. Aber nun sitzen wir mal drin fest und müssen es sehen.

Und zwar ist meine Meinung, daß Konflikt sozusagen der Quantumpuls des Daseins ist, Konflikt aber nicht im darwinistischen oder hitleristischen Sinne, sondern worum es hier geht – der Zweck der Übung – ist nicht Sieg sondern Wandlung; aber ohne Konflikt gibt es keine Wandlung. Wenn solcher Konflikt festgefahren ist, dann nennen wir es Misere im Menschlichen, und Krankheit im Körperlichen.

Also jetzt wissen Sie alles, Sie können nach Hause gehen. – Damit werden wir uns nun die nächsten zwei Tage beschäftigen. Und zwar gehen wir vom Heilen in der Psychosomatik aus, aber ich hoffe, daß die Bedeutung dieser Betrachtungen weit darüber hinausgehen kann: Nämlich auf die »Behandlung« der Kultur- und der Lebenskrise der Gegenwart überhaupt. Nämlich der Krisen des Einzelnen sowie der Krisen der Medizin und der Wissenschaft überhaupt. Die sehe ich nur als Teilsymptome dieses Problemes. In diesem Sinne also, im Zusammenhang mit dieser Kulturkrise, sehe ich Hahnemanns Entdeckung als eine kulturelle Großtat ersten Ranges an, die meiner Meinung nach weit über das Medizinische herausgeht. Denn das allopathische Denken überhaupt, nämlich das Bekämpfen durch den Gegensatz, droht uns zu vernichten heute. Was Hahnemann gefunden hat, ist die Mitsinnigkeit als Heilendes anstatt der Opposition. Oder wenn Sie wollen, Sinn und Geist anstatt Gewalt. Das ist was er wirklich zum erstenmal als Pionier der neuen Epoche entdeckt hat. Das ist aber auch der Grund, weshalb er abgelehnt wurde, denn das paßt überhaupt nicht in das Denken unserer Zeit hinein, ist absurd für die Art, wie wir denken. Daher ist es kein Wunder, daß die homöopathischen »Verdünnungen« als der berühmte Tropfen in den Bodensee belächelt werden, und daß das Verordnen aufgrund des Ähnlichkeitsgesetzes auch obsolet erscheint. Die zwei sind die größten Steine des Anstoßes in der Homöopathie, sind aber zugleich auch die Grundlagen der Homöopathie, aber auch die rationalen und rationalisierten Gründe, würde ich sagen, der Ablehnung. Diese Ablehnung stützt sich aber nun auf das, was der Physiker Oppenheimer einmal bemerkt hat in einer Ansprache an Psychologen, nämlich, daß es bedauerlich wäre, wenn die Psychologie sich auf eine Physik stützte, die es nicht mehr gibt. Nun, es ist nicht nur bedauerlich, sondern die ganze Medizin stützt sich auf diese Physik, die es nicht mehr gibt. Und damit nämlich auf die Vorstellung, daß die Einheiten unserer Welt aus Teilchen bestünden. Diese

Teilchen wurden ursprünglich als »atomos«, unteilbar, angesehen, aber jetzt schlagen sich viele Physiker noch immer mit weiteren Elementarteilchen herum, aus denen die Atome bestehen – die haben schon derer hunderte entdeckt, und es laufen noch mehr herum, und das Interessante ist ja, daß sich eins ohne weiteres in das andere verwandeln kann.

Hier möchte ich nun auf etwas hinweisen, was Heyer, einer meiner Lehrer, mal ausgedrückt hat, nämlich, so wie die verschiedenen Religionen und Kirchen Metaphysik im Rahmen unserer intimen Vorurteile sind, läßt sich auch sagen, daß auch die Wissenschaft einer Zeit die Gesamtwirklichkeit nur im Rahmen ihrer vorgegebenen Einstellungen umfaßt. Wie sie die wahrgenommenen Tatsachen versteht und erst recht, welche Seiten der Wirklichkeit wahrgenommen und welche überhaupt nicht bemerkt werden dürfen, entspringt dem Vorurteil des Forschers. Welches Vorurteil nicht so sehr ein subjektives Bewußtsein ist, sondern der Grundstruktur der Epoche entspricht. Also, das sehen wir immer wieder, daß gewisse Phänomene überhaupt nicht wahr sind, da sie nicht wahr sein dürfen. Dazu gehören eben auch das Ähnlichkeitsgesetz und die homöopathischen Potenzen. Wie ist es nun also, gehen wir und schauen uns das genauer an, dieses Grundvorurteil. Dazu hat der Physiker David Bohm folgendes zu sagen: Die Grundstruktur der Epoche ist der atomistische Mechanismus, die Idee, daß die Welt aus Entitäten besteht, die außerhalb, nämlich unabhängig voneinander, in separaten oder verschiedenartigen Regionen des Raums und der Zeit existieren und sich gegenseitig beeinflussen durch Energien, die keine Änderung in der inneren Struktur des Aktionspartners selber bewirken. Also, ein Beispiel dafür wäre eine Maschine, die nur aus äußerlichen Beziehungen besteht, und eine Maschine ist natürlich das Gegenteil eines lebenden Organismus. Trotzdem besteht aber die Vorstellung der Medizin noch, daß der menschliche Organismus eine physiochemische Maschine ist. Hat sich noch niemand gefragt, wie Maschinen Kinder kriegen, aber schad' ja nichts. Im Organismus gibt es keine Interaktion ohne Wandlung aller Teile und des Ganzen. Also ein solcher Organismus ist die Welt. Ein Erdorganismus, ein erd-kosmischer Organismus. Die Maschineneinstellung war notwendig in der Vergangenheit, sie hat zu gewissen Einsichten geführt, aber das Malheur ist eben, daß das gestrige Gute oft die Reaktion und das Böse von heute ist. Dort sitzen wir nun. Schön, also, von diesem Problem werden wir nun ausgehen, aber ich werde Sie dann in weitere Gebiete führen müssen, nämlich auf Tatsachen aufmerksam machen müssen, die es nicht geben darf.

Also, damit ist meine Einleitung glücklich beendet, jetzt fangen wir an.

Die Substanzfrage

Die Potenzfrage.

1. Stein des Anstoßes.

Es ist Ihnen ja wahrscheinlich bekannt, was in den letzten Monaten in den Nature-Artikeln geschehen ist, als die glückliche Widerlegung durch den Taschenspieler geglückt ist. Ich bedauere die Schlamperei des Researchmannes, der sich dazu bekannt hat. Als der Herausgeber hohnlächelnd bemerkt hat, also so was, eine Idee eines Gedächtnisses der Substanz, wer hat denn jemals von so etwas gehört. Das ist der Herausgeber eines prestigiösen Magazins, der so etwas sagt, genau in dem Monat, wo Rupert Sheldrakes neues Buch herauskam, das genau vom Gedächtnis der Substanz handelt. Soviel für die Wissenschaftler.

Also, wie ist es nun mit Gedächtnis der Substanz. Wir wissen alle natürlich, daß das Gedächtnis angeblich bloß im Gehirn sitzt. Ich war einmal dabei, wie Wissenschaftler der Sorbonne um Jung herum saßen und ihn fragten, in welchem Teil des Gehirns die Archetypen sitzen, und nicht verstanden haben, daß sie keine Antwort erhielten.

Jetzt möchte ich Ihnen einige Fälle präsentieren, es sind alles Fälle meiner eigenen Erfahrung, also wo ich für die Phänomene einstehe. Der erste ist ein Kollege mit einem Ekzem, ein generalisiertes Ekzem, das auf Calcarea carbonica in der tausendsten Potenz ansprach. Ich verwende im allgemeinen selten jemals etwas unter der 30igsten und gehe bis zur 50tausendsten oder 100tausendsten Potenz herauf. Also was geschah dann – innerhalb von wenigen Tagen fand er sich mit tetanischen Spasmen, ganz unerwartet. Die kamen und gingen, und brachten in ihm eine Erinnerung herauf, nämlich eine Erinnerung, wie ihm als Kleinkind seine Finger zusammengebunden wurden und an das Bett gebunden damit er nicht masturbierte. Schön, und an diese ganze Erinnerung schloß sich ein ungeheures Gefühl der Schande an, ich glaube, die Mutter hat ihm eine Menge versetzt zu dieser Zeit. Nachdem das durchgegangen war, gingen die Spasmen weg und das Ekzem auch. Aber was haben wir hier, wir haben die Situation, daß eine Hochpotenz eine psychosomatisch total ununterschiedene körperseelische Erinnerung und einen Zustand auslöst, einen geistkörperlichen Erinnerungskomplex, nicht wahr, die Parathyreoidea hat sich daran erinnert, die Parathyreoidea wurde induziert durch dieses schöne Erlebnis im Kinderbettlein, und Spasmus, Schande, Hautreaktion, Erinnerung – alles auf einmal – wurde durch die Hochpotenz heraufgebracht. Nebenbei ist es eine wunderbare Illustration des Heringschen Gesetzes, nicht wahr, ich möchte Ihnen das noch einmal in Erinnerung rufen, nämlich, daß der Fortschritt von Pathologie von außen nach innen, unten nach oben, von dem lebensunwichtigeren zu dem lebenswichtigeren Teil geht, und das die Heilung den umgekehrten Weg immer geht, und in der umgekehrten Reihenfolge des zeitlichen Geschehens. Das ist ein praktisch ungeheuer wichtiges Gesetz, denn daran können Sie ermessen, ob das, was Sie tun, heilend oder unterdrückend wirkt. Man kann nämlich auch mit Homöopathie unterdrücken, dann nämlich, wenn etwas Ähnliches, aber nicht das Simillimum gegeben wird, und das ist besonders der Fall, wenn man mit Mischkomplexmitteln arbeitet.

Ein zweiter Fall: Das war ein Fall von Frigidität. Eine Dame in den 40er Jahren war nicht nur bloß frigid, sondern erstarrte geradezu, wenn ein Mann ihr überhaupt nur in die Nähe kam. Sie war recht unglücklich darüber, kam zur Psychotherapie und brachte eigentlich nichts Wesentliches als einen wiederholten Traum, nämlich daß sie Federn im Mund hätte. Na, was fängt man mit sowas an? In diesem Fall habe ich überhaupt keinen Versuch gemacht, diesen Traum zu interpretieren, ich verstehe ihn einfach nicht, sondern ich habe die Methode »geleitete Phantasie« (guided imagination) angewandt, also, ich ersuchte Sie, mal Federn in den Mund zu kriegen, jetzt hier, und möglichst lebhaft diese Federn im Mund zu verspüren. Also, daraufhin, als diese Federn nun da im Mund waren, fragte ich also, »Was geschieht jetzt? Wo bist du?« Sie war in sowas wie einem Heuschober. Dann das nächste ist immer, zu fragen, »jetzt schau auf die Füße, was hast Du an den Füßen?«, und es waren Kinderschuhe. Von da an kamen wir herauf die ganze Kleidung, also, sie war ein 6 - 7jähriges Kind. »Was geschieht?« »Es drückt mir einer die Federn in den Mund!« »Warum?« »Damit ich nicht schreien kann!« Also, um es kurz zu machen, wir kamen auf eine Vergewaltigungsszene. Es war ein Onkel, der hat's getan, und ihr die Federn in den Mund gestopft, und ihr nachher gesagt, wenn sie darüber jemals je ein Wort sagt, das Übliche, dann wird sehr viel passieren. Dieser Terror war in den ganzen Körper gedrungen, war offenbar vergessen worden, aber hat immer wieder diese Abwehr ausgeführt. Es war im Traumbild, es war im Körper, aber es war nicht im Gehirn-Bewußtsein. Was dieses Phänomen zeigt, ist, daß wenn wir von Bewußtsein sprechen, wir es uns viel zu einfach machen; es gibt nämlich viele »Bewußtseine«, auch wenn wir vom Unbewußten sprechen, daß ist auch falsch, das gibt's nicht. Es gibt bloß ein Bewußtsein, das dem Ich-Gefühl verbunden ist, das nennen wir das Bewußtsein, und es gibt Bewußtseine, die im Körper sitzen oder in anderen Schichten, und dem Ich nicht zugänglich sind. Aber, nicht wahr, wenn man das einfach als bewußt und unbewußt kategorisiert, dann ist es schwarz-weiß. Vom Ich heraus gesehen war das unbewußt, aber vom Körperbewußtsein heraus war es sehr bewußt.

Nun ist das Malheur, daß das, was wir als »Ich selber«, unsere ganze Identität und unser Wissen vermuten, so ein kleines insulares Geschehen ist, das sich einbildet, etwas Ganzes zu sein, aber herzlich allerwenig ganz ist. Trotzdem gibt es ein Wissen und ein Bewußtsein, wir können es Informationswissen oder Prozeßwissen nennen, oder wie immer, es ist einfach ein anderes Wissen, anderes Bewußtsein, und das, das werden Sie sehen, sitzt nicht notwendigerweise im Gehirn.

Zum Beispiel ein anderer Fall, mit einer Spastizität des Nackens. Die Patientin wurde ostheopathisch behandelt, und als die Nackensteifigkeit sich löste, kam wiederum eine Vergewaltigung als Erinnerung herauf. Also diese Erinnerung saß in den Muskeln des Nackens. Also das ganze System der Bioenergetik, nicht wahr, Wilhelm Reich, ist darauf aufgebaut und richtig aufgebaut. Jeder Muskel unseres Körpers enthält Erinnerungen und enthält Bewußtsein und Gefühle. Also hier wurde dann eine ganze Lebensepisode aus den Nackenmuskeln herausgeholt und mit dem Ichbewußtsein in Verbindung gebracht.

Ein anderer Parallelfall wiederum, war eine Dame mit einem Gesichtsekzem, sie war ein klassischer Natrium muriaticum-Sepia-Fall, diese beiden sind Komplementärmittel. Leider hat es aber nichts genutzt. War klar indiziert, too bad, schade. Im Verlaufe aber der psychoanalytischen Arbeit kam was anderes heraus, nämlich wiederum Schande. Diesmal als Kind eine Erinnerung, wo sie als Jüdin ziemlich schlecht behandelt worden war, und es ihr lebenlang immer wieder quasi verheimlichen wollte. Als das heraufgebracht war, fing auf einmal, Wunder aller Wunder, das Natrium muriaticum zu wirken an.

Da sehen Sie auch wiederum, daß sich die zwei Heilmethoden immer wieder komplementieren müssen, sonst geht's nicht.

Zwischenfrage: »Ach bitte, was hat denn die Patientin mit der Frigidität für ein Medikament bekommen?

Sie hat gar kein Medikament bekommen. Da war keine Indikation da, und keine Notwendigkeit. Der nächste Fall ist auch nicht medikamentös.

Nächster Fall: Das war ein katholischer Priester. Der stand vor der Frage, ob er heiraten sollte und das Priesteramt niederlegen – er war schwer verliebt und hat eine sehr gute Beziehung zu einer Nonne gehabt – oder ob er dem entsagen und Priester bleiben sollte. Er konnte sich nicht entschließen, und in der therapeutischen Arbeit geschah auch nichts; und das ging ja oder nein, vielleicht anders, andererseits so, vielleicht so oder so, es war ein richtiges Festsitzen. Er brachte nun einen Traum eines schönen Tages, nämlich, daß ich, der Therapeut, ihm eine homöopathische Medizin gebe, und zwar dadurch, daß ich ihn in eine unangenehme körperliche Position dränge. So ein Traum kann auf eine kitzlige Transferenzsituation hinweisen, nämlich es gibt auch Transferenzvergewaltigungen, nämlich in der Gegenübertragung. Seine Assoziationen waren aber durchaus positiv, er wußte, daß ich Homöopath bin, und ich hatte ihm vorher einmal für einen akuten Zwischenfall ein hilfreiches Medikament gegeben, also diese unangenehme Lage erschien als etwas positives. Also was tun wir nun, da dachte ich mir, gehen wir mal homöopathisch vor, nach Simileprinzip, und ich sagte ihm: »Jetzt nehmen sie mal diese Lage ein.« Und es stellte sich heraus, diese Lage war eine extreme Fötalposition, richtig unangenehm und schwer zu halten. Und ich forderte ihn auf, die Position zu intensivieren, mehr, mehr, noch mehr. Die Antwort darauf war: »Ich kann nicht! Ich kann nicht!« Solche Worte sind oft Stichworte, da sitzt was drinnen. Da habe ich ihn also weiter, weiter gedrängt zu wiederholen: »Ich kann nicht! Ich kann nicht! Ich kann nicht!« Das wurde immer kritischer und auf einmal lag er am Boden und lebte eine Geburt in der Steißlage durch, er hat sich wirklich gequetscht, gewunden und gewunden und wiederholte die Worte der Mutter, die aufgefordert war zu drücken: »Ich kann nicht! Ich kann nicht!« Also wir gingen hier durch eine richtige Stillstandskrise und glücklich beendeten wir die Geburt. Er war sehr erleichtert, denn das hatte er nicht erwartet, aber jetzt kam die ganze Geschichte heraus, dieses Gefühl des Festsitzens, des »ich kann nicht, man kann keine Entscheidung treffen«, seine Lebenssituation war einfach wie eine festsitzende Steißgeburt gewesen.

Als das nun bewußt durchgearbeitet worden war, konnte er auch seine Entscheidung treffen. Bis dahin war er, wenn Sie wollen, unbewußt in dieser Krisensituation steckengeblieben. Also wiederum ein Körperbewußtsein, etwas längst, längst, längst Vergangenes; das Kleinkind erinnert sich angeblich, wie Sie wissen, an nichts! Aber da war es. Schön, zu all dem könnte man sagen, es handele sich um Gehirnreflexe. Nun, dagegen spricht einerseits die Tatsache, daß spezifische Bewußtseinslagen, wie solche, nur dann erinnert werden, wenn man in jene Bewußtseinslagen zurückgeht. Also zum Beispiel, wenn jemand in der Betrunkenheit etwas getan hat und dann eine Amnesie hat, wird er sich nicht mehr daran erinnern, bis er wieder in den betrunkenen Zustand zurückgebracht wird, das muß nicht unbedingt mit Schnaps geschehen, das kann auch mit Hypnose erreicht werden. Wir haben aber den Ausdruck »state dependent learning«, ich weiß nicht, wie man das übersetzt, also ein Lernen oder eine Erfahrung, die auf den Bewußtseinszustand angewiesen und sozusagen in diesem Bewußtseinszustand verkapselt ist. Es trifft für LSD natürlich auch zu, und natürlich auch für die verschiedenen Bewußtseinsphasen des Lebens, daher auch für die Kindheitsphasen und Kleinkindheits-, Schwangerschaftserinnerungen und wie ich Ihnen nachher mitzuteilen haben werde, Vor-Konzeptions-Erinnerungen. Nicht wahr, bis dahin kann man es immer noch auf's Gehirn schieben. Nun gibt's aber leider, leider, was es eben nicht geben darf: Erinnerungen, die scheinbar aus früheren Erdenleben stammen. Es begegnet mir immer wieder, daß es einfach ganz von selber oft im Aufarbeiten in der tiefenpsychologischen Arbeit herauskommt.

Also natürlich, da kann man nicht viel beweisen, aber einen Fall gibt es, den Stanislav Grof publiziert hat, der ein bißchen zu nahe und zu ungemütlich ist. Ich weiß nicht, ob er Ihnen bekannt ist, ich werde ihn reproduzieren.

Das war der Fall: Stanislav Grof hat mit LSD gearbeitet. Das war der Fall einer Frau, die zur Behandlung kam, wegen einer Tendenz zur chirurgischen Selbstverstümmelung. Die mußte sich immer wieder operieren lassen, wegen irgendwas und gab keine Ruhe, bis sie einen Chirurgen fand, der sie für irgendetwas operierte. Also unter LSD ging die Erinnerung wiederum auf Vergewaltigungsgeschehnisse in der Kindheit, auf einen brutalen Vater, also sozusagen das Einarbeiten, Einprägen der Gewalttätigkeit, die dann zur Gewohnheit als Selbstverstümmelungsdrang führte. Aber dann kam auf einmal was anderes durch, dann erlebte diese Frau, völlig aus dem blauen, Bilder die auf den 30jährigen Krieg zurückführten, und wo Sie, als junger tschechischer Adliger von den Kaiserlichen verhaftet und hingerichtet wurde. Und beschrieb im Detail, nicht nur die Kleidung, die Hosen der Epoche, sondern familiäre Beziehungen innerhalb des tschechischen Adels, Familienbeziehungen, die in keinem Geschichtsbuch stehen, bis sich Grof später die Mühe machte, nachzuprüfen: die stimmten. Also schön, dann hatte man die Theorie, das kann sich wahrscheinlich auf genetische vererbte Erinnerung zurückführen lassen. Jedenfalls, nein da fehlt noch was, einige

Jahre später, nicht wahr, die Sache wurde damals ad acta gelegt, als Grof schon in Amerika war, bekam er einen Brief von ihr, aus Europa, eine sehr interessante, erregende Tatsache, nämlich daß sie etwas herausgefunden hatte, als sie zu ihrem Vater zurückkehrte. Der hatte unter Hitler Ahnenforschung betreiben müssen, um nachzuweisen, daß er generationenweise nicht jüdisch war, und hat sich aber für das Metier interessiert, und ohne von dieser Geschichte was zu wissen, hat er den Familienstand bis ins 15. Jahrhundert zurückverfolgt und siehe da, die Person war da, und die Details stimmten. Jetzt kam Grof mit seiner Patientin auf die Frage, also es muß doch wirklich interessant sein, scheinbar gibt es eine genetische Vererbung. Nun kam er aber noch auf die Idee und fragte sich, ja, wie soll denn etwas sich vererben, von einem, der hingerichtet wurde. Nicht wahr, nachdem er hingerichtet wurde, konnte er ja nicht mehr das Notwendige ausführen, also da waren keine Gene da. Antwort: keine.

Mir ist es immer wieder passiert, daß, wenn ich Patienten durch eine geführte Imagination in die Kindheit zurückführe, auf einmal irgend etwas anderes hereinfällt. Zum Beispiel, in einem solchen Fall sollte der Patient eine Erinnerung aus dem zweiten, dritten Lebensjahr heraufholen, man fühlte, da ist was los. Das war ein junger Mann, der immer wieder in panische Verzweiflung verfiel. Also, wir fingen jetzt an zu bildern, und was ich ihn aufforderte, war »gehe in die Kindheit zurück, auf das was dort wesentlich ist« als Anregungsmaterial; und da fing er an zu erzählen, wie er in einer Farm im Mittelwesten von seinen Eltern Abschied nahm. Also, das stimmt nicht ganz, mit drei Jahren nimmt man nicht von den Eltern Abschied. Er hat einen Rucksack auf dem Rücken, ein kleiner Junge tut das auch nicht. Außerdem war er in San Francisco geboren, in der Stadt, nicht auf einer Farm im Mittelwesten. Wir gingen weiter, er kam zum Rekrutierungslager, wurde eingeschifft und fand sich auf einer Küste, an der Seeküste der Normandie, als dritte Invasionstruppe am Land, in die Brust geschossen, tot. Und wütend, der hat getobt jetzt. »How can they do that to me!!??« Nichts ist ihm ferner gestanden, als jemals solch eine Idee, und an Reinkarnation hat er überhaupt nicht geglaubt. Aber dieses kritische Erlebnis hat den Fall geöffnet und zwar, ob es wahr war oder nicht, jetzt war eine Entladung da, von hier an konnte das integriert werden. Ich habe immer wieder gesehen, daß solche Erinnerungen viel pointierter – interessanterweise – und viel intensiver sind, als bonafide Kindheitserinnerungen.

Ein anderer Fall, das war eine Frau, eine hartgesottene, intellektuelle, rationale Frau, den Fall habe ich übrigens veröffentlicht. Sie war auch depressiv, schwer depressiv, und mit den Träumen ging es immer im Kreis herum, Kreis herum, kam nichts heraus. Außerdem war eine große Suizidtendenz da. Also da wollten wir auch in die Kindheit zurückgehen, und da beschrieb sie nun eine Unterhaltung mit einer Schwester, die sagt zu ihr: »Geh da nicht hinein!« Sie aber: »Ich muß, muß. Ich habe da etwas Notwendiges zu tun.« »Geh da nicht hinein, ich kenne diese Leute, die sind entsetzlich.« »Ich muß, ich muß, muß, ich hab was zu erledigen dort.« »Na ja, also schön, wenn du was zu erledigen hast, dann vergiß aber nicht, vergiß nicht, vergiß nicht.« Ich hatte von der Schwester noch nie was zu hören bekommen, so fragte ich sie denn: »Wer ist denn diese Schwester, wie alt ist die denn?« »Ja, die ist tot.« »Ja, wann ist die denn gestorben und wie alt sind denn Sie?« »Ich bin noch nicht geboren, noch nicht empfangen.« »Ja, was ist denn das, was sie nicht vergessen sollen?« Sie wurde unruhig und sehr verstört, dann habe ich darauf eingehakt, jetzt gehen wir mal dorthin, was sie nicht vergessen sollen. »Ja, unter der Brücke, unter der Brücke.« »Was für eine

Brücke, wo unter der Brücke?« »Ja, es ist irgendwo in Dänemark.« Und bitte schön, wir waren in New York, wir waren noch niemals in Dänemark gewesen. »Also, was geschieht da?« »Da sind die Schwarzen, Schwarzen, Schwarzen.« Ja, da hat sie immer den Einfall, sie wurde immer von schwarzgekleideten Menschen verfolgt. »Ja, was tun die da?« »Ja, die suchen nach mir«. Also, was sich da entwickelt hatte: Ssie war ein jüdischer Flüchtling, politischer Flüchtling unter einer Brücke in Dänemark, Kopenhagen wahrscheinlich, sich verbergend, von der SS erwischt, ins Konzentrationslager verschickt worden im Zuge, und im Zuge gestorben und ein schlechtes Gewissen hatte sie nachher, das sie so den leichten Weg herausgenommen hat, quasi unfreiwilligen oder vielleicht freiwilligen Selbstmord begangen hätte, und die Kameraden im Stich gelassen hätte. Also, Erinnerungen, begehe nicht mehr Selbstmord! Wovor die Schwester sie gewarnt hatte, waren die Eltern. Schauderliche Eltern, mit denen sie nichts zu tun haben wollte, aber sie meinte, ich muß da hinein, um dieses Depressive durchzuerleben. Also, die Dame kam aus einer kleinen Stadt, aus einer recht kleinbürgerlichen Situation, war ganz verwirrt, fragte : »Wie ist denn sowas zu verstehen?« Meine Antwort darauf ist immer: »Ich weiß nicht, wie es zu verstehen ist, verstehen sie es, wie sie wollen.« Aber jedenfalls sehen sie es sich an, darauf kommt es an, auf die symbolische Bedeutung; ob sie es als symbolische Phantasie sehen wollen oder ob es Tatsache ist, das ist unwesentlich. Der Sinn ist es, auf den es ankommt. Ganz gleich, ob es historisch wahr ist oder nicht. Aber, die naheliegende Hypothese ist natürlich, das es historisch wahrscheinlich wahr ist. Vor allem, da oft solche Details herauskommen, die man nicht anders wissen kann.

Zwischenfrage: War die Frau jüdisch oder nicht?

Diese Frau war nicht jüdisch. Aber hat, das war das Interessante, hat eine Vorliebe und Sympathie für Juden gehabt und war an einen Juden verheiratet und hat immer wieder mit Juden zu tun gehabt.

Zwischenfrage: In ihrem Buch wird angekündigt, Sie hätten sich mit Astrologie beschäftigt, in so einem Fall würde es doch naheliegen, astrologisch vorzugehen.

In so einem Fall nicht, denn das Astrologische, das würde mir hier nicht helfen. Nicht wahr, astrologisch ist für mich charakterologisch hilfreich. Was habe ich davon, ich bin über eine Menge Hypothesen gelaufen, wie man astrologisch das Horoskop eines letzten Erdenlebens machen kann. Ich finde, die kann man alle in den Papierkorb schmeißen. Denn da läßt sich ja nichts beweisen, da ist Ihre Idee so gut wie meine.

Zwischenfrage: Nein, ich dachte ja nicht so weit, ich dachte jetzt, den Knotenpunkt kann man ja sehr gut sehen, in einem frühen Kindesalter.

Aber ich überlaß das lieber den Patienten. Und zwar, wenn ich sowas tue, drücke ich mich immer so unklar wie möglich aus, also ich versuche, immer solche Weisungen, die spezifisch sein können, zu vermeiden, denn da ist immer die Gefahr, daß man sein eigenes System da hineintut. Also ich empfehle meinen Studenten immer, seien sie so dumm wie möglich, fragen Sie, fragen Sie bevor Sie meinen zu wissen. In diesem Fall hatte ich auf Kindheit hingezielt, und heuristisch ist das wichtig. Denn gerade durch das Schiefgehen zeigte es sich, das es nicht nur meine Suggestion war.

Also sehen Sie, warum ich Ihnen diese Fälle erzähle, da haben wir wiederum Gedächtnis, aber das hat mit dem Körper überhaupt nichts mehr zu tun. Das ist da irgendwo, aber nicht im Körper. Na schön, also doch Erinnerungen der toten Substanz, ja leider, da gibt es nämlich auch dieses »unangenehme« Phänomen des I Ging. Ist jemand hier, dem dies I Ging nicht bekannt ist? Also gut, der I Ging ist ein 4000 - 5000 Jahre altes chinesisches Weisheitsbuch, mit Sprüchen und Bildern, die sogenannten Hexagrammen zugeordnet sind. Das sind Kombinationen von geraden und gebrochenen Strichen, also das ist ein Beispiel eines Hexagramms:

Und da gibt es 64 Kombinationsmöglichkeiten, also 64 verschiedene solcher Muster, und innerhalb derer wiederum 6 verschiedene, also wir haben 6 mal 64 Kombinationsmöglichkeiten, deren jeder ein Bild, ein Urteil und Kommentare zugeordnet sind. Das ist ein Orakelbuch, und man befragt den I Ging, indem man in der alten Methode auf's geratewohl Schafgarbenstengel auszählt, wir machen's einfacher mit Münzen, also man schmeißt eine Münze und kriegt dann ein Muster dabei raus. Also etwas durchaus willkürlich zufälliges, etwas dessen sich ein moderner Mensch schämen müßte. Leider Gottes ist aber der I Ging ungeheuer genau. Sehr genau – ich habe das mal mit einem Professor an der New School besprochen, der erzählte mir: »Wissen sie, ich konnte mir das nicht akzeptabel machen. Da hab ich gedacht, ich mach mit dem I Ging einen Vertrag. Hab zu dem I Ging gesagt, also bittschön, ich werde dich jeden Monat dieselbe Frage fragen, was ich bloß wünsche ist, daß du mir, wenn du wirklich existierst, Antworten gibst, die wenigstens zusammenstimmen. Was meinen Sie, ist mir da passiert? Ich habe jedesmal genau dieselbe Antwort bekommen!«

Ich gebe Ihnen da ein Beispiel, das mir selbst passiert ist: Da waren wir mal im Sommer mit Kollegen zusammen und es war auch so ein ungläubiger Thomas da, und der wollte Beweise haben, warum das nicht zufällig sei. Da waren wir in einem Sommerhaus auf einem Hügel, es war spät am Abend und ein ungeheurer Wolkenbruch ging nieder, und er hatte sein Auto unten am Fuß des Hügels stehen gelassen, und so gegen Mitternacht kam die Frage auf, ja, sollen wir runtergehen und das Auto heraufholen? Es regnete und es stürmte, da sagten wir: »Na frag doch den I Ging!« Schön, also wir fragten den I Ging und bekamen heraus: Nr. 26 in der zweiten Linie, die sagt, »Die Achsen sind vom Wagen abgenommen«. Und der Kommentar ist: Wir tragen keine Schuld. Wenn's regnet und stürmt, wird man nicht heruntergehen mit so einer Antwort und das Auto heraufholen. Nächsten Morgen gingen wir runter und fanden: das Auto hat zwei platte Reifen. Die Achsen sind vom Wagen abgenommen. Wie hat das der I Ging gewußt? Und vor allem, wie haben das die Münzen gewußt? Wie haben die Münzen gewußt, wie sie fallen sollen und auf welcher Seite in dem 4000 Jahre alten Buch die Antwort auf welche Frage dieses jungen Mannes steht? – Wissen und Gedächtnis der Substanz.

Also, was haben wir da, wenn wir das nun zusammenfassen? Wir haben scheinbar das Phänomen, daß Bewußtsein und Erinnerung, Bewußtseinsformen, sozusagen im Raume existieren, und zwar analog den Feldern der Physik. Daß es sich hier um energetische Organisationen und Strukturformen handelt oder wenn Sie wollen, Informationsmuster, die geistige, seelische und körperliche Effekte auslösen können, *auslösen* können, aber es *nicht sind*. Wir können nicht sagen, daß diese Münzen da Geist und Seele haben, aber sie haben was mit Bewußtsein zu tun. Also, was wir hier an Informations- und Formtendenzen haben oder im Jungschen Ausdruck:

archetypische Potentiale, Urformen, Urfelder, Ur-irgendwas – wir haben da ja keine Worte – die den materiellen sowie den mentalen Vorgängen zugrunde liegen, dahinterstehen. Na schön, das haben die Physiker schon längst herausgefunden. Schroedinger zum Beispiel sagt: »Die wesentlichen Elemente des Daseins der Welt sind Gestalt. Nichts als Gestalt. Keine Spur von etwas Materiellem.« Ich spreche jetzt von der Physik. Und Einstein: »In der neuen Physik ist kein Platz für Materie und Feld. Das Feld ist das einzig Reale«. Und hier kommen auch die Arbeiten von Sheldrake hinein, Sheldrake spricht von morphischen Feldern und zwar davon, was er Morphische Resonanz nennt. Das möchte ich Ihnen mal beschreiben: Also, das berühmteste und schönste Phänomen ist die Geschichte von den 100 Affen. Haben Sie von ihnen gehört? Also: Da ist eine Affenkolonie gewesen, irgendwo im Osten, die wurde mit bestimmten Erdäpfeln entweder gefüttert, oder haben sich daran genährt, aber die waren ihnen zu schmutzig und da haben sie sie abgelehnt. Eines Tages kam ein Affengenie auf die Idee, sie zu waschen und hat sie dann gewaschen und dann diese wunderbare technische Entdeckung auch seinem Stamm gelehrt. Und nun fingen immer mehr Affen an, die Erdäpfel zu waschen. Nach einer Weile, als scheinbar eine kritische Zahl erreicht war, fingen andere, von diesem Stamm isolierte Affenstämme, die überhaupt keine Beziehung zueinander hatten, auch an, Erdäpfel zu waschen. Und dann ging es weiter auf eine andere Insel und das Erdäpfelwaschen ging weiter und weiter, ohne direkten Kontakt! Etwas Ähnliches hat er jetzt im neuen Buch geschrieben, von »blue pits«, das sind Vögel in England, die die Gewohnheit haben, Milchflaschen aufzupicken. Während des Krieges blieb dies aus, weil keine Milch da war vor der Tür, und nach dem Kriege wurden die Milchflaschen wieder ausgeteilt, und da fing nun wiederum ein Vogel an, es zu tun, mehrere Vögel fingen an, es zu tun, und dann ging es über ganz England, obwohl diese Vögel alle lokal beschränkt sind. Weiterhin ist es beobachtet worden, daß wenn neue Substanzen, z. B. Kristalle synthetisiert werden, es beim ersten Mal schwierig ist, sehr schwierig, aber je öfter man's tut, desto leichter und rascher geht es, auch in Laboratorien, die überhaupt keinen physischen Kontakt haben. Also, da haben die Wissenschaftler die wunderbare Theorie aufgebracht, daß dies damit zu erklären sei, daß wahrscheinlich Spuren des Kristalles in den Bärten der Experimentatoren klebenblieben, und dann in ein anderes Laboratorium möglicherweise verschleppt worden sind.

Die Tarrington Group in Amerika hat einen Preis ausgesetzt für ein Experiment, um die Sheldrakesche Theorie zu beweisen. Das Experiment, das dann ausgeführt wurde, war folgendes: Es wurden einige Verse in fremder Sprache, einmal in Japanisch, das andere mal, glaube ich, in Marokkanisch, ausgesucht, Kinderreime; und dann ähnliche Verse, ähnlich klingend, die aber völlig sinnlos waren, zusammengesetzt, und zwei Gruppen, die die jeweilige Sprache nicht kannten, vorgegeben zum Auswendiglernen. Nach der Theorie der »morphic resonance«, müßten nun die Verse, die schon wiederholt gelernt worden waren von anderen, leichter zu erlernen sein, als die sinnlosen, und so war es auch. Statistisch nachgearbeitet. Also, hier haben Sie ein Phänomen, das sozusagen auf Bahnen oder Kanäle, wie sollen wir das sagen, im Geistraum hinweist, oder im.... wir haben dafür ja kein Wort, nicht wahr. Daß, wenn einmal Formen gesetzt werden, diese sozusagen die Geleise geben, auf denen dann die geistige Energie sich immer wieder leichter ausdrückt.

Da gibt's eine wunderschöne, östliche Geschichte, es war, glaube ich, eine buddhistische, und zwar kanonisch, die ist offiziell, die ist nicht von einem bösen Scheich ersonnen worden. Das ist die Geschichte von einem jungen Mann, der auf Pilgerfahrt geht, und seine

Mutter bittet ihn, wenn er zurückkommt ihr doch eine Reliquie mitzubringen. Er verspricht es feierlich, geht, kommt zurück und hat es vergessen. Schade, schade. »Nächstes Mal werde ich es tun.« Geht das nächste Mal und hat's wieder vergessen. Also, das geht doch nicht so, mußt doch was mitbringen. Da sieht er auf dem Boden einen toten, verwesenden Hund liegen und nimmt nun das Mandibulum und bringt es der Mutter als das Gebiß eines Heiligen. Die Mutter ist hocherfreut, baut einen Altar, tut es dort hin, jeden Tag macht sie Puja und Gebete, und nach einigen Wochen ist eine Licht-Erscheinung um den Altar zu sehen, und jetzt spricht es sich herum und Nachbarn kommen und verehren auch da, und nach einem Jahr geschehen Heilungswunder. Der Heilige hat geheilt.

Also, was hat geheilt – nicht wahr, da haben wir die ganzen Phänomene von Lourdes und die ganzen Geistheilungen. Der Glaube, und zwar der Glaube, der mit einer schon existierenden Form und in eine morphische Resonanz hineinfällt, wird amplifiziert und bewirkt – das ist real, das ist wirkliches Geschehen, wenn Sie wollen ist das Psychokinese –, daß die Substanz verändert wird durch das Feld, durch das psychische, oder wie immer Sie wollen, Feld im leeren Raume. Deshalb hat einmal einer der Physiker das so formuliert: »Es will scheinen, daß die Welt mehr oder weniger aus strukturiertem Nichts aufgebaut werden kann und aufgebaut ist; strukturiertem und strukturierendem Nichts.« Das ist das Sein. Was ist strukturiertes oder strukturierendes Nichts? Das ist das Gleiche wie das, was wir im Englischen »mind« nennen. Ich hab mich bemüht, dafür ein deutsches Wort zu finden, das gibt's aber nicht. Also Seele, Geist oder wie immer wir wollen. Das ist der Hintergrund des Seins. Aus solchem entwickelt sich, was wir materielle oder seelische, geistige Ereignisse nennen, aber es ist ein Ursprung, da gibt's keine Unterscheidung. Und zwar drückt sich das nun aus in dem, was wir jetzt

Information nennen. Das ist ein schöner Ausdruck, den die Techniker erfunden haben, um da herumzukommen. Was ist Information? Information ist das, was informiert. Also, was Form schafft, als Aktivität oder Ordnung, was im Englischen »transduction« genannt wird, Transduktion.

Transduktion ist die Wandlung einer Informationsform in eine andere. Also zum Beispiel, wenn Sie Biofeedback machen, da wird eine Muskelspannung umgesetzt und auf einen Zeiger übertragen oder eine Muskelspannung in eine Emotion umgesetzt, eine Emotion in eine Muskelspannung oder Wind wird durch die Windmühle transduziert in elektrische Energie; das ist also Wandlung-Variation. Aber so wie Form nun nicht etwas ist, was Form hat, so ist auch Information nicht von etwas oder über etwas. Information ist nicht in Idee oder Wissen, oder Bedeutung, Worten oder Zahlen, Molekülen oder Chemie, sondern sie ist etwas Unanschauliches, Undefinierbares, ein Sein oder Dynamik, die sich alles dessen bedient und von einem in das andere transduziert, übersetzen kann. Es ist so wie Variationen in der Musik über ein Thema, wobei das Thema selbst aber niemals gehört wird. Wir haben bloß die Variationen und können, müssen von den Variationen auf das unhörbare Thema zurückschließen. Und dann haben wir den Schlamassel, daß wir fragen, ja, was hat die eine Variation mit der anderen zu tun? Nicht wahr, das hat mit Körper und Seele zu tun: Das sind Variationen eines selben Themas.

Ein schönes Beispiel von solcher Transduktion gibt's auch, das haben Sie alles schon mal erlebt, wenn Sie eine Person von hinten her anstarren: Es dauert nicht lange, die dreht sich um. Ja, wie ist denn das geschehen? Welche Energie hat die Person im Rücken gekitzelt? Also schön, das wird nun zusammengefaßt von Bohm, denn er spricht davon, daß die manifesten, empirischen Phänomene explikate Erscheinungsformen von einem implikaten oder, wie er es nennt, einem eingefalteten Prozeßgeschehen sind. Und zwar hat er ein sehr schönes Beispiel um das klarzumachen. Stellen Sie sich nun zwei Zylinder vor, da haben Sie einen Glaszylinder der ist in einem anderen Glaszylinder und dazwischen ist es mit Viskosesubstanz gefüllt, Glyzerin zum Beispiel. Da tun Sie nun einen Tropfen eines Farbstoffes hinein. Wenn man nun den äußeren Zylinder dreht, dreht sich nun der Farbtropfen mit weil es so viskos ist und wird eine Linie dann zunächst – geht im Kreise herum und wird dann zu einer farbigen Linie. Wenn Sie das nun weiter tun, wird die Linie immer dünner und verschwindet schließlich. Nichts ist jetzt da. Wenn Sie das umgekehrt tun, also zurückdrehen, die Linie wieder zurück und der Punkt kommt wieder zurück. Da haben Sie nun ein Phänomen sozusagen manifestiert, das im Nichts vorgebildet war. Wenn Sie nun anstatt der einen mehrere solcher Linien haben, können sie durch das Drehen alle möglichen Muster produzieren, die dann auch wieder ins Nichts gehen, und aus dem Nichts dann wieder hervorgeholt werden können. Also bitte, das ist bloß eine Illustration, ein Analogon, um das es sich hier handelt. Nämlich, daß im Nichts Formen vorgeformt sind. Analog der platonischen Ideen, analog natürlich auch den Jungschen Archetypen nachgeschnitten. Also Potentiale, die Formbildung beinhalten, und wo aus Form und Nichtform eine Wechselwirkung entsteht. Das andere Beispiel natürlich ist auch das Hologramm, wo wiederum Form da ist, aber wenn sie die Form zerstückeln, jedes einzelne Stückchen die gesamte Form in sich trägt, eingefaltet, wie er es nennt. Dazu hat Bohm das Folgende gesagt: »Das ist Prozeßgeschehen, und Prozeß bedeutet, daß alles Geschehen nicht bloß Wandel, sondern Fluß ist.« Das heißt, was ist, ist ein Prozeß der Selbstwerdung; bitte, das ist ein Physiker, der das sagt. Alle Objekte, Geschehnisse, Entitäten, Bedingungen und Strukturen sind Abstraktionen von einem Prozeß. Jede relativ autonome und stabile Struktur ist nicht als ein unabhängig und permanent Existierendes anzusehen, sondern als ein Geschehen, welches immer innerhalb der dauernd fließenden Bewegung geformt wurde und wieder in jene zurückkehren wird; und zwar meint er die Elektronen und Atome, er hat nicht über Menschen gesprochen. Sie sind also die manifeste Realität und die Elementarteilchen sind danach wie Wirbel in einem Flusse, nämlich in einem Flusse, der sich in unserer vierdimensionalen Welt, da nehme ich die Zeit mit, manifestiert, aber eigentlich in einer multidimensionalen Welt abspielt – bitteschön, auch Bohm, ich phantasiere nicht. Was wir also hier haben, ist eine Vorstellung eines leeren oder vollen Urgrundes, was der Buddhismus »sunyata«, die Leere nennt, in der westlichen Mystik haben wir auch ein Wort dafür, da heißt es »pleroma«, nämlich die Völle, das ist das Gleiche, es ist leer, weil es im Nichts ist, und es ist voll, weil es alles enthält. Und nämlich wiederum gestaltetes und gestaltendes Nichts, aus dem sich Substanz herausabstrahiert. Und meine These hier ist nun, dieses gestaltende Nichts ist »mind«, ist Information, ist Unbewußtes, ist auch homöopathische Potenz. Nämlich was geschieht in Potenzierungen? Da wird eine Substanz zerstört, systematisch zerstört, so wie der Glyzerintropfen, schrittweise, bis sie ins Nichts überführt wird. Das Interessante daran – oder Absurde – ist ja, wenn man von der Rohsubstanz potenziert, wird bis zur 30. die Wirkung immer milder. Von der 30. an geht das Umgekehrte vor sich, wird die Wirkung immer intensiviert, so daß zum Beispiel eine 100tausendste Potenz manchmal sogar lebensgefährlich sein kann. Also das wird als völlig blödsinnig betrachtet von denen, die es nicht aus der Erfahrung kennen, außerdem wird uns immer vorgehalten, triumphierend, ungefähr bei der 22. Potenz ist das letzte Molekül weg. Aber da fängt es eben erst an, nämlich da kommen wir nun auf die Analogie zur Planckschen Formel, weil die Konstante gleich bleibt: E/F = Q; Q ist die Plankscher Konstante, »E« ist Energie und »F« ist Frequenz. Also das heißt, je höher die Frequenz wird, desto höher wird auch die Energie, und das ist wieder etwas, was unsere homöopathische Empirie ist. Also, was wir haben beim Potenzieren, ist eine Frequenzsteigerung, nämlich ein Immerkleinermachen des Rhythmus, was schließlich mit Notwendigkeit zur Energiesteigerung führen muß, analog dieser Formel.

Und was nun der Zweck dieser Übung war, ist nun diese Potenzabsurdität in den großen Zusammenhang dessen, was wir physikalisch und sonst anderswo schon längst herausgefunden haben zu stellen, um zu zeigen, daß der Potenzierungseffekt nicht etwas Absurdes, sondern durchaus folgerichtig ist. Soweit für diesen Morgen. Für den Nachmittag werden wir uns mit dem Ähnlichkeitsgesetz, der zweiten Blödsinnigkeit, und dem Krankheitsgeschehen beschäftigten.

Um der Diskussion eine Richtung zu geben, möchte ich mal etwas klarer machen, was mir vorschwebt: Was ich mit diesen Vorträgen beabsichtige, ist ein Gesamtüberblick über das ganze Feld, also sozusagen aus der Vogelschau, und zwar habe ich jetzt mal die Substanzfrage aufgeworfen; für den Nachmittag ist das Thema Krankheit, Dynamik der Krankheit, für morgen vormittag Heilung im Allgemeinen als Übersicht und für morgen nachmittag Konflikt, nämlich im Persönlichen, im Versuch zu zeigen, wie sich dieselbe Dynamik in beiden Bereichen abspielt. Das ist eine Vogelschau, aus der die Einzelheiten, wie Sie wissen, niemals ganz hervortreten. Die Fragen nach den Einzelheiten, also zum Beispiel klinische Anwendungen, überlasse ich Ihnen, nicht daß Sie sich's ausdenken sollen, sondern je nachdem, wo Sie es erspüren oder wollen, bringen Sie es bitte als Frage auf, wo es Sie angeht. Also von dort her werde ich dann in der Diskussion, wenn möglich, auf das Spezifische eingehen. Also fordere ich Sie zur Mitarbeit auf, und es wäre mir lieb, auch aus egoistischen Gründen, soviel wie möglich schriftlich zu haben, nicht um dem auszuweichen, sondern um es mitzunehmen und dann in das Buch einzuarbeiten.

Also nochmal, um klarzumachen, wie ich die homöopathische Potenz sehe, und es angesehen habe: daß sie eine Feldinformation ist, also ein Informationsfeld ist. Ein Extraktionsprodukt und ein Vehikel daher dieses semi-autonomen Prozeßgeschehens, das eine Beziehung hat – was für eine, das werden wir uns dann noch anschauen müssen – zu einem ähnlichen Prozeßgeschehen, Informationsmuster, im Patienten. Also, das soweit. Also, bittschön, nun sind Sie an der Reihe.

Diskussion zu »Die Substanzfrage«

Ja, eine Frage die mir gestellt wurde, kann ich gleich beantworten. Die eine Frage war: Wie ist es zu verstehen, daß bis zur 30. die Wirkung schwächer wird und dann intensiver? Ich glaubte, das vorgestellt zu haben. Also, um es nochmal zu sagen, bis zur 20. eigentlich haben wir es mit Substanzwirkung zu tun, bis zur 20. haben wir wirklich nichts anderes als verdünnte Substanz. Erst wenn die letzte Substanz geopfert ist – und ich wähle dieses Wort absichtlich, weil es uns später wieder begegnen wird, wenn wir auf's Persönliche kommen – also, erst im Punkte des Substanzopfers, wenn das Materielle sozusagen überwunden ist, dann fängt Intensivwirkung des, na, wie immer Sie es nennen wollen, Geist, oder was, an. Und je weiter Sie da herausgehen, desto mächtiger wird es, desto gefährlicher wird es und desto tiefer wird das Mysterium. Das ist nun so, das sagen uns nicht bloß die Priester und Gelehrten, sondern das sagt uns die konkrete Realität. Und das ist mir wesentlich, daß man das experimentell beweisen kann.

Übrigens noch was anderes zum Gebrauch, wenn Sie es mal mit einem Ungläubigen zu tun haben, der hier das, um es banal zu sagen, als Kohl ansieht und Beweise haben will, da brauchen Sie doch überhaupt gar nicht in die Antikörper und dieses Kram reingehen, geben Sie ihm ein Fläschchen Belladonna 200 in die Hand, und fordern Sie ihn auf, jeden Tag davon für 3-4 Tage zweistündlich eine Dosis zu nehmen. Das ist das Einfachste. Es ist harmlos, es ist klar, er kann auch Placebo nehmen, also ein Doppelblindversuch, und dann wieder Belladonna, Sie können es innerhalb einer Woche beweisen, wozu das alles. Ich wünschte, der Editor vom Nature Magazin wäre willig, das zu tun.

Ist das was ganz Ungefährliches?

Ja, Belladonna ist genügend oberflächlich. Wenn Sie sofort, wenn der Kopfschmerz kommt, abbrechen, geht's weg. Das muß allerdings beachtet werden, daß dann sofort aufgehört werden muß. Ich hab's selbst erlebt, ich habe selbst mal ein Kind gesehen, das eine unfreiwillige Prüfung gemacht hat, weil ich's zu oft wiederholt hatte im akuten Zustand – es ging weg. Und ich hab das mal einem Medizinstudenten vorgeschlagen, der hat's getan, war tief beeindruckt. Es ist völlig harmlos.

Ich hab da noch mal zu der Psychoanalyse eine Frage: Wenn das Erkennen einer schrecklichen Situation, die man möglicherweise verdrängt hat und die jetzt wieder hochkommt, wenn das Erkennen da ist, ist damit der Konflikt dann beseitigt oder muß da noch mehr geschehen?

Also, die Frage ist, wenn ein Erkennen da ist...

Ja, zum Beispiel bei dieser Geburt in Steißlage, wo die Mutter sagt: Ich kann nicht. Wenn das erkannt wird, ist dann....

Die Antwort ist nein! Erkennen genügt nicht! Erkennen ist bloß der erste Schritt. Haben Sie alle die Frage gehört? Erkennen ist im Kopf, ohne das geht's nicht. Aber es ist nicht genug. Es muß bis in's Körperliche hinein wiedererlebt werden. Also, es ist wirklich notwendig, wir nennen es Re-experience, also bewußt durch den ganzen Prozeß nochmal und wiederholt durchzugehen. Das ist das Wichtige. Das Ich-Bewußtsein in dieses Ganze hineinzutragen. Da gibt es eine Freimaurerische Legende, also einen Mythos, und zwar von Hiram und Salomon: Als Hiram, der Baumeister, den Tempel baute, da war es nicht möglich, die Energie, die feurige Energie, die losgelassen wurde, zusammenzuhalten. Und das Bauwerk wurde immer wieder zerstört. Erst als Hiram sich entschloß, selbst körperlich in die Feuermassen einzusteigen, beruhigten sie sich und waren ihm zur Verfügung. Da haben Sie es in der Nußschale. Erst wenn man sich bewußt dem Feuer aussetzt, nicht bloß dem Gedanken ans Feuer, kann es gebändigt werden.

Wenn man jetzt, zu dieser Symptomatik passend, eine homöopathische Hochpotenz oder vielleicht Mittelhochpotenz geben würde, würde das dem Menschen das ersparen, das immer wieder durchzuerleben, könnte die Arznei das praktisch an ihm und für ihn tun?

Ich werde darauf weitläufig zu sprechen kommen; also, um es jetzt schon zu sagen: Was der seelischen Erfahrung zugänglich sein kann, wird nicht durch das Mittel behoben; umgekehrt, was uns seelisch nicht oder noch nicht zugänglich ist, wird zum körperlichen oder äußerlichen Erleben und muß körperlich angegangen werden; das ist Schicksal, und das ist individuell verschieden. Real läßt sich niemals a priori die Frage beantworten. Für mich ist jedes Geschehen körper-seelisch, aber wie es angegangen werden kann, kann eben niemals von vorneherein gewußt werden. Ich werde Ihnen dafür ein Beispiel geben.

Ja, das war noch zu dem Beispiel zurück, ich hatte so verstanden, als Sie diese Geschichte mit der Steißgeburt vorhin erzählt haben, daß das schon viel mehr war als Erkennen, nämlich ein Hineingehen in die Situation und Durchleben – und dann ist es doch gut, oder müssen Sie jetzt noch mehrere therapeutische Sitzungen durchführen in denen das nochmal wieder bearbeitet wird?

Also, die Frage war: war bei dem Steißgeburtfall dieses Erlebnis genügend oder mußte es noch einige Male durchgegangen werden? In diesem Falle, ja und nein. Das Erlebnis als solches hat eine Tür aufgebrochen, aber es mußte noch auf die verschiedenen konkreten Fragen angewandt werden. Also, zum Beispiel die Frage, Heirat oder nicht, mußte nun in dem Lichte dieses Erlebnisses emotionell wieder durchgegangen werden. Also, er mußte sozusagen seine

Steißgeburt jetzt in Beziehung auf die Frau und wieder erleben – und auch in Beziehung auf andere Frauen. Und als das einige Male geschah, wie die morphische Resonanz, wurde es immer einfacher und rascher, und schließlich lief es von alleine.

Also, so in dem Sinne, »Wo haben Sie das schon mal erlebt, dieses Festsitzen in einer anderen Lebenssituation?«

Genau, genau. Das muß man immer wieder tun: Sicht, Erlebnis – und jetzt konkretisieren. Eines ohne das andere geht nicht.

Welche Funktion hat die homöopathische Behandlung in der Psychoanalyse für Sie genau?

Genau? Ich glaubte, ich hatte es schon beantwortet. Na, ich will es noch mal sagen: Ich meine, daß der Therapeut mit zwei Augen schauen muß, die koordiniert sein müssen. Also, ein Auge, das sich auf das seelische Geschehen richtet, während sich das andere auf die entsprechende körperliche Dynamik richtet, und aber beide zusammenschauen. Also, ich muß mich da im hohen Grade leider auf meine Nase verlassen. Also, sehr oft komm ich zum Beispiel mit einem Patienten in's erste Interview, mit einem seelischen Problem und aus meiner Erfahrung der Arzneimittelbilder oder danach, wie sich das anriecht, sage ich, also »Keine Frage der Psychotherapie überhaupt, oder bevor ich Psychotherapie überhaupt anrühre, möchte ich Ihnen mal ein Mittel geben«. Und sehr oft brauchen wir dann keine Psychotherapie. Oft ist es umgekehrt: Kommt jemand mal mit körperlichen Beschwerden und ich sage, das ist kein körperlicher Fall, dann müßte ich es wieder von der anderen Seite angehen, und vielleicht gebe ich später ein Medikament. Also, generell läßt sich die Frage nicht gut beantworten. Bis auf eine Möglichkeit im allgemeinen, aber das ist mit Vorsicht zu genießen: Die Frage der Modalitäten. Modalitäten sind in der Homöopathie die Bedingungen der Verbesserungen oder Verschlechterungen der Symptome. In dem Maße, wie die Modalitäten psychisch sind – die Modalitäten, bitteschön, nicht die Symptome! – in den Fällen, wo also zum Beispiel eine hochgradige Beeinflussung durch die Stimmungslagen vorliegt, werde ich mehr auf das Seelische schielen mit einem Auge. In dem Maße indem die Modalitäten umgekehrt somatisch sind – wiederum die Modalitäten, nicht die Symptome – also, zum Beispiel wenn jemand vorwiegend physische Modalitäten hat... – dazu gebe ich ein Beispiel: Da hatte ich einen Patienten, der schon drei Therapeuten durchgegangen war, mit schweren Depressionen, aber die Depressionen zeigten eine deutliche Wetterbedingtheit, und da habe ich zunächst gar nicht nach Träumen gefragt, sondern Phosphor gegeben und dann nachher blieb noch genug übrig, das psychologisch zu erarbeiten war. Also, bitteschön, das ist ungefähr bloß.

Aber Sie sehen offenbar auch eine Kombinationsmöglichkeit.

Oh ja, absolut.

Ich frage das deswegen, weil Vithoulkas sich ja ganz klar gegen jede Kombination von tiefenpsychologischer Psychotherapie mit Homöopathie ausspricht, ganz eindeutig.

Ja, und nicht nur das womöglich, ich verwende auch andere Methoden, ich schicke zur Akupunktur, zum Beispiel, oder zu körperlicher Arbeit bei der Bioenergetik, ich scheue vor keiner Schandtat zurück!

Also, ich hab den etwas anders verstanden. Ich habe verstanden, daß Vithoulkas dagegen ist, daß man Homöopathie und irgendwelche Psychotherapieverfahren, die unterdrücken können, gleichzeitig anwendet, zum Beispiel mit Meditation, dagegen ist er; aber wenn Sie Vithoulkas kennen und beobachten, dann sehen Sie, daß er durchaus auch psychotherapeutische Akzente in seinen Interviews hat. Ich möchte das nur klarstellen, er ist mit Sicherheit gegen unterdrückende Verfahren bei gleichzeitiger Homöopathie.

Nun warten Sie mal, können Sie das lauter sagen, da paßt mir was nicht, glaube ich.

Ja, also Vithoulkas ist der Ansicht, daß Meditation unterdrücken kann, Autogenes Training auch und gegen diese Dinge ist er gleichzeitig mit Homöopathie.

Meditation, also bitteschön, ich bin nicht dieser Meinung.

Nein, Vithoulkas meint damit ja auch die heute gängigen Schnellmeditationsverfahren...

Ja, ja diese Dinge die heute Mode sind, zum Beispiel Autogenes Training, mit dem man ja unterdrücken kann, diese »positives Denken«-Sachen nach Murphy, das ist damit gemeint, und Vithoulkas ist ja schon selber lange genug mit Krishnamurti, zum Beispiel, unterwegs gewesen.

Ja, also bittschön, dazu möchte ich sagen, das positive Denken ist ja im besten Fall palliativ, im schlimmsten Fall eine Schandtat. Reden wir von was anderem, das ist keine Meditation. Meditation ist sich öffnen. Und das unterdrückt nicht. Ein anderer Einwand wurde gemacht von Hillmann, nämlich daß Meditation die Träume reduziert. Das stimmt! Schad' aber nichts. Denn dann kommt das in der Meditation herauf, was sonst in den Träumen heraufkäme; also das ist, wenn es richtig getan wird, eben auch nicht unterdrückend. Nicht wahr, wir müssen hier unterscheiden zwischen Mißanwendung und Anwendung. Es läßt sich ja auch von dem homöopathischen Medikament sagen, wenn Sie ein teilähnliches geben, dann unterdrücken Sie auch.

Sie haben als Initialdosis bei diesem Menschen, der dann diese Spasmen bekam, eine C 200 Calcium carbonicum gegeben....

Nein 1000,

.... oder C 1000; wäre es auch zu irgendeinem Behandlungserfolg gekommen, wenn Sie mit einer LM Potenz langsam steigend auf diese Potenz zugegangen wären?

Ich habe mit den LM-Potenzen keine Erfahrung, aber etwas anderes: Ich finde, in chronischen Zuständen ist meistens die 1000. eine gute Eröffnungspotenz. Das ist durchaus empirisch. Oft kriegt man die erste Schwingung (gemeint ist hier Dr. Whitmonts persönliches Verfahren, die Potenzen auszutesten. Anm. d. Verlages) von einer 200sten, nicht von einer 1000sten – oft, nicht immer; andererseits ziehe ich es vor, die Potenzgabe, so wie die Mittel waren, immer nachzuprüfen mit der Wünschelrute, nur ich verwende nicht das Wünschelpendel, ich verwende immer eine andere Methode mit Reiben. Sehr oft suche ich dann wahrscheinlich auch die Potenzfrage danach, und da kriegt man manchmal sehr merkwürdige Potenzen heraus, aber im Prinzip natürlich ist es durchaus möglich.

In der Einladung stand, daß Sie auch bei Karl König Anthroposophie studiert haben, mich interessiert, wie Sie dann diese Gedanken von Rudolf Steiner sehen, daß Information und Gedächtnis nicht im Gehirn, sondern im Ätherleib gespeichert ist, und weiter, wenn man das Buch von Sheldrake liest, und hat vorher etwas von Steiner gelesen, hat man manchmal den Eindruck, daß Sheldrake das abgeschrieben hat, was bestimmt nicht der Fall ist, aber weil sich diese Gedanken vom morphogenetischen Feld und Bilde-Kräften von Steiner sich sehr, sehr ähneln. Und meine Frage ist, haben Sie sich das auch überlegt, wie in Ihrem Gedankengebäude diese Gedanken von Rudolf Steiner einzubauen wären?

Steiner war am Anfang dieses Jahrhunderts, und Steiner sprach durchaus noch aus der trostlosesten Wüste der materialistischen Einstellung und hat sich im hohen Maße einer Sprache und einer Bildform bedient, die dem entsprach. Wenn er von Ätherleib und Astralleib spricht, dann hört sich das an, als wenn das ein Ding wäre, und in diesem Sinne stimmt es einfach nicht. Ich würde sagen, Steiner hat im hohen Grade die richtigen Intuitionen gehabt. Aber die Form, in der er es brachte, halte ich im hohen Grade heute für überholt, zum Beispiel von den Einsichten der modernen Physik wußte Steiner ja noch nichts, es gab das noch nicht. Und was Steiner über die Homöopathie wußte, war sehr oberflächlich, und vieles was er sagte, ist völlig falsch. Aber sehen Sie, da gibt es ein interessantes Beispiel, wie oft Steiner gerade glücklich daneben geschossen hat. Er gab zum Beispiel die Indikation Antimon heilt Typhus. Keine Spur! Aber Antimon-Präparate heilen Dysenterie. Nicht wahr, da haben Sie eine Intuition, die nicht durch genügend Konkretwissen gestützt wurde, die in die richtige Richtung geht, die aber für uns heute zu unexakt ist. Dasselbe hab ich mit König erlebt. König war mein erster Lehrer, und ich wurde von ihm in die Homöopathie eingeführt. Aber nicht in die Homöopathie, wie ich sie heute praktizieren würde. Das sind Anfänge, Anfänge grundlegend, für die wir dankbar zu sein haben, und in der richtigen Ausrichtung, aber im Anfang. Genau wie das, was Sie heute von mir hören, wahrscheinlich in 50 Jahren überholt sein wird. Aber ich hoffe dennoch, in der richtigen Richtung. So sehe ich es.

Darf ich da gerade noch eine Frage anschließen? Diese Felder, diese, sagen wir mal, diese Energiestrukturen in diesen Feldern, könnte man die auch mit den Worten belegen, die also Akashachronik oder vielleicht auch das Reich der Ideen bei Plato genannt sind?

Es ist Akashachronik.

Und es ist auch das Feld der Ideen bei Plato?

Ja, ja. Nur daß für Plato die Ideen fixiert sind. Das ist nicht der Fall mit dem, wovon wir sprechen, es ist eine Evolution da. Also, das ist der einzige Unterschied.

Und diese Evolution ist gebunden an die kosmischen Konstellationen?

An kosmische Konstellationen und menschliche Entwicklung.

Ja, das eine ist ja wieder von dem anderen abhängig?

Ja, aber die kosmische Konstellation gibt bloß den Zeitrhythmus. Kosmische Konstellation zeigt auf das, was jetzt erforderlich und möglich ist. Also auf die »Implicate Order«, die nun aber Fleisch werden will. Es ist also eine Wechselbeziehung da. Sie können zum Beispiel, das wissen Sie ja, bei der Astrologie niemals ein konkretes Ereignis vorhersagen. Sie können bloß auf Tendenzen hinweisen, und was wahrscheinlich oder möglich ist. Aber wie oder wo oder was, das hängt dann vom menschlichen Handeln ab.

Also, dann müßte man den Gesamtlauf dann doch der göttlichen Macht unterstellen, wie die beiden zusammenarbeiten.

Dann müßte man ja das ganze Geschehen der göttlichen Macht ***unterstellen*** – aber *nicht überlassen*! Also, das ist nicht eine Philosophie, das ist Empirie, das weiß jeder, der mit Träumen arbeitet. Es ist jetzt ein Buch von mir über klinische Traumdeutung in Veröffentlichung*, ein Lehrbuch. Wo ich aufzeige, daß es meiner Meinung nach nichts Exakteres gibt als einen Traum. Der Traum ist wie ein Röntgenbild der psychischen Situation, wenn Sie es lesen können allerdings. Der Traum weist immer darauf hin, was erforderlich und was möglich ist. Wir werden hernach, hoffe ich doch, noch darauf zu sprechen kommen.

Meinen Sie, daß das Pendel die Felder einfängt?

Nein, das Pendel tut gar nichts. Sie tun's. Das Pendel ist nicht mehr als ein Amplifikationsinstrument. Ich hab das übersprungen in meinem Vortrag. Da haben wir das Phänomen »Abrahams Elektronic« und des Boydschen Emanometers. Hat jemand hier vom Boydschen Emanometer gehört? Das gab es in den 30iger Jahren. Also, Boyd war ein Homöopath in Schottland, und der hat heraus-

---

*In Vorbereitung. Arbeitstitel: Träume, das Tor zum Urgrund, Ulrich Burgdorf - Verlag für homöopathische Literatur, Göttingen

gefunden, wenn man von einem Patienten Bluttropfen oder Speichel nimmt, das dann einer Versuchsperson auf die Stirn bindet, so ändert sich der Perkussionsschall in der Bauchdecke. Und zwar für spezifische Situationen in spezifischer Weise. Also, es werden Änderungen der Darmspastizität hervorgebracht, und zwar regional. Wenn das Simillimum dazugegeben wird, löst es das auf und es stellt sich im Nu wieder her. Da hat Boyd gezeigt, wenn man einem Patienten das Simillimum heranbringt bis auf 30 Fuß, das ist 10 Meter Distanz, geschieht dasselbe, die Perkussionsdichte ändert sich und ein Pupillenreflex kann nachgewiesen werden, und zwar eine momentane Veränderung der Pupille gegen das Licht. Also die Versuchsanordnung ist: Sie nehmen eine Taschenlampe und strahlen direkt ins Auge, die Pupille zieht sich zusammen, Sie bringen das Simillimum heran und die Pupille öffnet sich und schließt sich wieder. Das hab ich selbst wiederholt ausprobiert. Es ist eine Möglichkeit, das Simillimum nachzuprüfen. Aber eine technisch recht schwierige. Die Pupille ist oft sehr lebhaft, und wenn Sie dann meinen, Sie haben es gesehen und versuchen es noch einmal, oder wenn Sie es zwei-dreimal machen, dann geht es nicht mehr. Also, es ist bloß zu sehen auf die theoretische Bedeutung.

Nun hat dann Boyd gezeigt, daß mit einer Spuleninduktionsrolle diese Dynamik amplifiziert, verstärkt werden kann und daß ein Faradaykäfig es abschirmt, daß es sich hier um einen quasi Strahlungseffekt handelt, auf den ein autonomer Körperreflex antwortet. Das hat nun Stearns in New York zusammengebracht mit der Wünschelrutenphänomenologie. Der hat dann folgendes gemacht: anstatt zu perkutieren und den Pupillenreflex anzunehmen, schlug er vor, daß der Experimentär ein leichtes Gewicht in die Hand nimmt, sich die Spucke oder was auch immer auf die Stirn bindet und jetzt mit dem Finger über ein Medikament nach dem anderen geht und jedesmal das Gewicht hebt. Wenn man das Simillimum anrührt, wird das Gewicht scheinbar etwas schwerer. Es wird natürlich nicht schwerer, sondern wir haben einen Muskelreflex. Und dieser Muskelreflex ist der Pendeleffekt. Also das Pendel bringt überhaupt nichts, sondern wenn Sie das Pendel haben, da führen Sie unwillkürliche Bewegungen, leichte Bewegungen aus, und Ihr Muskelreflex ist der Wünschelruteneffekt, genau wie die Wünschelrute. Die Wünschelrute tut überhaupt nichts. Aber der autonome Muskelreflex wirft's hinaus – wenn Sie nämlich genügend sensitiv sind und wenn Ihre bewußte Einstellung nicht zuviel darauf Einfluß nimmt. Deswegen wende ich persönlich das Pendel nicht an, denn ich störe es. Ich habe eine andere Methode, eine Reibemethode, das kann ich so automatisch machen, daß es nicht stört. Ich habe bemerkt, wenn keine geeignete frische Spucke zur Verfügung steht, und ich habe welche, die von vor 2 Jahren ist und die mit einem ganz anderen Zustand abgenommen wurde – es macht nichts aus. Zum Beispiel von meinen Kindern, die sind über den ganzen Kontinent verstreut, habe ich jeweils eine Spucke im Kasten und wenn da was los ist, eine akute Krankheit bei den Kindern oder Enkeln, da hole ich mir die Spucke raus – manche sind schon 10 Jahre alt – und prüfe meine Mittel nach. Manchmal ist es mir passiert, daß ich die Spucke auch nicht hab, ich hab sie verloren. Dann schreibe ich einfach den Namen auf ein Stück Papier und tu es damit. Geht genauso gut. Genauso wie die Wünschelrutengänger es auch auf einer Landkarte tun können.

Also, da haben Sie nun wiederum diese Situation wo das Körperliche in das Geistige einfach im Fluß hinübergeht, man kann nicht sagen, wo was ist. Die Frage ist bloß, was ist am praktischsten? Ich weiß noch eine andere »unangenehme« Geschichte. Die hat mir Elisabeth Hubbard erzählt, eine der brillantesten Homöopathen in

Amerika, die hatte mal eine Patientin wo nach dem 15. oder 20. Mittel alles immer noch nicht geklappt hat. Also, jetzt fiel ihr ein: »jetzt muß ich mich hinter den Fall setzen und ihn durchstudieren«. Also, sie hat's durchstudiert und Heureka! da war das Mittel und eine fabelhafte Verbesserung, also die Heilung trat ein. Das nächstemal fühlte sich die Patientin wirklich großartig, und, oh Schreck, sie hatte vergessen, das Medikament zu geben!

Eine technische Frage: Wie machen Sie das mit dem Reiben, können Sie das technisch ein bißchen erklären?

Ich habe eine kleine gebogene Metallplatte, die wird am Tisch festgeschraubt. Darüber tu ich drei Schichten Schellack und das reibe ich nun. Das spiele ich wie eine Violine, bis so ein rechter Kratzerton kommt, das ist sehr labil, sehr schwer zu bekommen, das muß man üben, da muß man die genügende Hauttrockenheit haben, das ist so ein richtiges Federphänomen, und ich habe meine differentialdiagnostischen Medikamente hier, also in gleichen Fläschchen, die Aufschrift kann ich nicht lesen, und es ist immer ein Fläschchen Placebo dabei. Und wenn ich dann so reibe, gehe ich einfach darüber, und wo immer der Reibeton abgeworfen wird, weil der so labil ist, registriere ich es. Und wenn zwei-, dreimal blind immer dasselbe herauskommt, dann ist anzunehmen: Das ist es. Wenn einmal dieses, einmal jenes, zweimal das und einmal das andere kommt, dann sind sie alle falsch. Worauf es ankommt ist, das meine Muskelspannung ein ganz kleines bißchen gestört wird. Bei diesem empfindlichen, schwer zu produzierenden Ton genügt das, um eine Reaktion zu kriegen. Also das ist eine Technik, die ich für mich am praktischsten fand, aber das ist... – jedermann muß herausfinden, welche Art der Sensibilitätsamplifikation für ihn die beste ist.

Wenn nach jahrelanger homöopathischer Behandlung immer wieder die gleichen Lokalsymptome, körperlichen Symptome, beibehalten werden, die also über Jahre mitgehen, und die auf das Konstitutionsmittel nicht angesprochen haben, ansonsten fühlt sich der Patient gesund, der Mensch fühlt sich seelisch und körperlich bis auf diese Symptome gesund...

Können Sie ein bißchen konkreter werden?

Ja, zum Beispiel eine Migräne, die von einer Nackenmuskelverspannung ausgeht. Die psychischen Symptome, die mit einer starken Klaustrophobie, mit einer starken Platzangst einhergingen, die ihn in die Praxis geführt hat, die tritt nur noch sporadisch auf, aber sind auch noch zum Teil vorhanden. Und wo besteht jetzt eben da vielleicht der Zusammenhang, oder wie kann man jetzt da weiter verfahren?

Das ist eine spezifische Frage, die ich nur allgemein beantworten kann, man müßte den Patienten kennen. Also Möglichkeiten: Einerseits – erstens – muß man das Heringsche Gesetz in Betracht ziehen. Eine Muskelspannung ist sicherlich ein Periphersymptom, also ist nicht eine Beeinträchtigung eines lebenswichtigen Organs. Im Heilen sowie in der menschlichen Beziehung der Diplomatie kommt es nicht auf das Wünschenswerte, sondern auf das Mögliche an. Und wie in jeder Situation sind die Möglichkeiten begrenzt. Also sehr oft müssen wir für das Unmögliche ein Lösegeld zahlen, indem wir ein peripheres und in diesem Sinne oberflächliches und harmloses Symptom beibehalten, um uns dafür von einem schweren loszukaufen. Das ist eine Möglichkeit, eine konstitutionelle Frage, davon werden wir heute nachmittag noch zu sprechen kommen. Andere Möglichkeit ist – zweitens – daß die Nackenspannung sehr mit Defensivität zu tun hat – die Nackenspannung ist Steifnackigkeit einerseits, andererseits aber auch dieses Auslugen auf Gefahr hin. Das will mir mit der Platzangst zusammenstimmen. Da ist also möglicherweise etwas, was hier psychisch noch nicht durchgearbeitet ist. Drittens –

Bewußtsein heißt und schließt Körperbewußtsein ein. Also sehr oft in der Psychotherapie sind Dinge bewußt hier im Kopf, vielleicht ein bißchen hier im Herzen, aber doch nicht im Gesamtkörper, das genügt nicht. Also, vielleicht ist es hier notwendig, da auch noch sowas wie Bioenergetik durchzuführen, um das wirklich – das Erleben – in das Vollkörperliche hineinzutragen. Also, das sind die Möglichkeiten, die ich sehe.

Wie kann man es erklären, daß es Patienten gibt, bei denen jedes Mittel, das man gibt, heilt? Und andere Patienten, bei denen man sein halbes Leben an Mühe einsetzt, aber fast keinen Erfolg hat?

Ja, Paracelsus hat sich schon mit dieser Frage befaßt und er hat es in seiner schmissigen, sarkastischen Art gesagt: Jeder Patient hat den Arzt, den er verdient. Aber dahinter steht was. Also, zum Beispiel habe ich dieselbe Erfahrung gemacht, nicht nur mit Patienten, sondern auch mit Radiästhesie. Eine persönliche, ich möchte fast sagen karmische, Verbindung zwischen Arzt und Patient ist erforderlich. Es gibt Patienten, die Sie nicht heilen können, die aber ein anderer Arzt sofort heilen kann. Das ist für den Analytiker eine Kardinalfrage, nicht wahr, man muß die Antwort immer herausfinden. Ich würde einen Patienten niemals annehmen, wo ich nicht das Gefühl der persönlichen Beziehung habe. Es geht nicht. Sie können noch so gescheit und so gut wie möglich sein, es geht nicht. Jung hatte schon berichtet, daß er manche Patienten, mit denen er überhaupt nicht weiterkam, an einen unerfahren Assistenten gab und es ging brillant. Das ist nun leider auch der Fall im Verschreiben. Das ist mir auch passiert. Zum Beispiel kann ich die Radiästhesie niemals anwenden, wenn dieses Gefühl dieses Interesses und der Verbundenheit nicht da ist. Oft geht's nicht, bevor ich den Fall nicht genügend durchgearbeitet habe. Ich möchte zum Beispiel das einsparen, der Fall sieht mir aus, meinetwegen, wie dieses oder jenes

Mittel, probieren wir's mal – geht nicht. Ich muß mich erst dahintersetzen und schwitzen und wirklich ein Gefühl bekommen und dann, siehe da, kann ich's haben. Also, das ist einfach ein Faktum.

Ja, aber es gibt auch Patienten die bei 10 oder 20 Therapeuten keinen Erfolg haben.

Aber das ist nicht *nur*, das ist *auch*. Das ist für heute nachmittag. Denn Krankheit ist unabweichliches Schicksal, man braucht Krankheit, nicht wahr, und so lange die Krankheit nicht in die Wandlung geführt werden kann, so lange das noch nicht möglich ist, geht es nicht. Heyer hat mir da von einem Fall berichtet, das war ein Unteroffizier im Kriege, der ein großer, fanatischer Patriot war, der hat einen Lumbago gekriegt und wurde abgeschoben und war jetzt wütend und wollte an die Front. Je mehr er wollte, desto schlimmer ist der Lumbago geworden. Schließlich gab er es auf. Er hat bemerkt, daß das scheinbar nicht sein Weg ist und siehe da, der Lumbago war weg. Also da gibt's diese Paradoxien, nicht wahr. Es gibt die Sage, daß die Rezeptform, dieses rezipe mit dem Kreuz – deo concedente –, ohne das geht's nicht. Deo concedente, das heißt, »wenn Gott will, mit Gottes Hilfe«, wenn die Hilfe ausbleibt, können Sie rezeptieren bis Ultimo. Mit anderen Worten, es sind immer drei Faktoren da, in jedem Krankheitsgeschehen, der Patient, der Arzt und wenn Sie wollen, der Archetyp des Heilers oder der Gottheit, des Dämons, was immer Sie nennen wollen, und bloß wenn alle drei zusammenstimmen, dann geht's. Ich glaube, Weizsäcker hat das gesagt, wenn ein Arzt das Krankenzimmer betritt, kommt er niemals alleine, es kommt immer eine Schar von Engeln oder Dämonen mit, und es ist wichtig zu schauen, wer und was gerade anwesend ist. Noch etwas möchte ich dazu sagen – auch das ist ja empirisch jetzt schon demonstrierbar – was wir in der Analyse die Initialträume nennen, also der erste Traum, der gebracht wird, oder einer der ersten, zeigt gewöhnlich wie die Konstellation ist. Da erinnere ich mich zum Beispiel, meine Frau ging zu einer Analytikerin und ihr erster Traum war, sie ist zu einer Ozeanfahrt bereit, aber das Schiff kommt niemals aus dem Hafen heraus. Da sagt der erste Traum schon: »Geht nicht«, bevor die Behandlung anfing, und so war es auch. Diese Umstände sind vorgegeben.

In Ihrem Buch haben Sie geschrieben, das die Sepiafrau zur Gleichgültigkeit gegenüber den ihr kostbarsten Menschen neigt, das steht einfach so da, und mit dem Symptom kann ich total was anfangen, und dann würd das auch stimmen, für eine Patientin, jetzt habe ich aber bei der Coulter gelesen – das ist die Frau, die sich auf Sie bezogen hat – die hat dieses Symptom von der Gleichgültigkeit ihrer geliebten Person gegenüber ganz mager reduziert darauf, daß die betreffende Sepiafrau überarbeitet ist oder überbeansprucht ist, und deshalb halt nicht mehr so zur Liebe fähig ist, und dann würde das Symptom überhaupt nicht mehr passen, finde ich.*

Ja warten Sie mal. Erstens: Das Medikament muß die Symptome des Patienten haben, aber der Patient muß nicht alle Symptome des Medikaments haben. Denn ein Patient, der alle Symptome der Sepia hat, könnte nicht am Leben bleiben. Zweitens: Die Abneigung gegen andere Menschen hat nicht nur Sepia, Natrium muriaticum hat's auch, Aurum hat's oft auch, und so weiter. Drittens: Sepia ist auch überarbeitet, aber nicht jede Überarbeitung führt zur Ablehnung des anderen Geschlechts. Man kann überarbeitet sein und jemanden haben wollen; daß man auf die Überarbeitung aber so anspricht, das ist typisch. In der Homöopathie kommt es ja nicht auf das Symptom an, sondern noch vielmehr auf die Paradoxie des Symptomes, auf das Ungewöhnliche, Eigenartige und Spezifische, das ist es. Wenn

---

*Psyche und Substanz - Essays zur Homöopathie im Lichte der Psychologie C. G. Jungs, Ulrich Burgdorf - Verlag für homöopathische Literatur, Göttingen

Sie jemanden überarbeitetes haben, der einfach sagt, ich will in Ruhe gelassen werden, damit haben Sie kein Arzneimittel; aber wenn das sozusagen wie eine Rakete heraufschießt, dann können Sie auf dieses Symptom heraus verschreiben. Zum Beispiel, da saß ich mal als Anfänger an einer ganz gewöhnlichen Tonsillitis fest. Alle schönen Mittel, Belladonna und was auch – nichts. Da konsultierte ich Elisabeth Hubbard, und da saß das Kind, und nebenbei beschwerte sich die Mutter, daß die Tür zur Küche immer zugeschlossen werden muß, denn wenn sie was von der Küche riecht, dann ist der Teufel los. Darauf verschrieb sie was? Colchicum. Schauen Sie nach, ob bei Colchicum noch überhaupt was über Tonsillitis steht? Gar nichts. Aber dieses völlig Absurde, daß ein Kind ausgerechnet nicht Speisegeruch riechen kann, da haben Sie es. Aber wenn jemand sagt, ich habe einen verdorbenen Magen, dann können Sie damit nichts anfangen, es kommt auf die Paradoxie an. Genau so geht es bei Fieber; wenn jemand bei Fieber durstig ist, das können sie sich an den Hut stecken. Aber wenn jemand bei Fieber durstlos ist, dann haben Sie Gelsemium sofort, oder Pulsatilla meinetwegen. Oder heißhungrig im Fieber anstatt appetitlos, dann haben Sie Phosphor oder ein Phosphorpräparat, aber daß jemand gewöhnlich hungrig ist, beweist gar nichts. Das ist das homöopathische Denken, und das ist auch genauso wichtig für Trauminterpretationen. Was im Traum irgendwie nicht paßt oder wo irgendwas verkehrt ist, ist gewöhnlich der Schlüssel für den Traum, da haben Sie wieder die gleiche Gesetzlichkeit.

Wie in Ihrem schönen Beispiel haben auch wir in der Praxis, aber nicht nur in der Psychotherapie und nicht nur in der Hypnose, sondern auch bei somatischen Behandlungen schon erlebt, etwa beim Herausnehmen der Akupunkturnadeln, daß uns ein Patient, der in Trance fiel dabei, merkwürdigerweise, uns ganz wichtige Fakten, hilfreiche Fakten, aus der Zeit seiner intrauterinen Matrix lieferte, die dann auch hilfreich waren und uns zum Kausalen der Krankheit führten. Das konnte auch 14 Tage später die aus dem Ausland eingereiste Mutter bestätigen, daß er uns nicht etwas vorformuliert hat und wir auf dem richtigen Weg waren. Das ist ja nun noch etwas, was aus der unmittelbaren Erlebnissphäre der Person, aus dem Erlebnisbereich im Mutterleib, zu erkennen ist. Nun kommt die andere Frage, Sie haben sehr schöne Beispiele von den Vorleben gebracht. Ist da nicht zusätzlich auch die Hypothese möglich, daß Verwandtenerinnerungen oder Erinnerungen von ähnlichen Personen aus anderen Zeiten, ich möchte das ganz bewußt sagen, aus einer Querverbindung aus dem kollektiv Unbewußten als Blasenerinnerung in der Person, also im Patienten aufsteigen. Und der aus meinem Beispiel brachte auch nachprüfbare Fakten aus anderen Zeiten, die, bis zum zolltechnischen, einfach stimmig waren.

Ich würde sagen, theoretisch ja, aber erstens einmal, wenn wir von Personen sprechen, wovon reden wir denn da überhaupt? Wer oder was ist denn das, was erlebt, wo sind die Grenzen? Vielleicht möchte ich da noch was hinzusetzen, um Ihr Beispiel noch schwieriger zu machen. Es mag in einem solchen Zustand eine bestimmte Stimmungslage herauskommen. Die Stimmungslage hat nun aber sehr oft – wir nennen das Induktion – mit dem Therapeuten zu tun, ist aber trotzdem relevant für den Patienten, sonst würde es nicht als Echo herauskommen – also wo sind da überhaupt Grenzen zu ziehen? Aber worauf es ankommt, ist was es empirisch bedeutet, daß das für den Patienten wesentlich und hilfreich ist. Nicht wahr, darum kommt man nun nicht herum. Das heißt also, was immer und wo immer es sein mag, es ist relevant oder zugehörig zu diesem Leben, zu diesem Schicksal, und das ist das Einzige, worauf es uns ankommt.

Meine Frage war nicht ganz unbegründet, wir hatten mal einen Fall, wo als Eigenerlebnis Ausgegebenes in der möglichen Prüfung sich als Erlebnis eines Groß-, Groß-, Großonkels aus der Zeit vor dem 30jährigen Krieg in Schaffhausen ergeben hat.

Ja, es ist immer jetzt noch die Frage übrig, was ist die Beziehung dieser Individualität zu jener, darüber können wir einfach nichts aussagen. Da müssen wir einfach blutige Empiristen bleiben. Aber jedenfalls können wir sagen, das sind Situationen, die so aussehen als ob, »als ob« ist die Definition des Symbols der Analogie und überhaupt alles menschlichen Geschehens. Nicht wahr, in diesem Sinne: Alles Vergängliche ist nur ein Gleichnis, eine Analogie. Das ist es übrigens auch, was der Titel jenes Vortrags von Oppenheimer war, den ich erwähnt hatte, er sprach von der Bedeutung der Analogie in wissenschaftlichen Breiten. Das ist unsere Grenze. Nicht wahr, das ist ja das, was der Buddhismus so klar ausdrückt: Das gibt es alles nicht. Das ist alles Maja. Maja ist Realität *und* ist Täuschung, da enden wir.

Können Sie das homöopathische Mittel als das Sichbegegnen mit eben meinen Archetypus oder mit einem Archetypus sehen? Dann hieße die klassische Homöopathie, also ein Mittel zu verordnen: Ich begegne einem Archetypus. Ist es möglich, daß ein Mensch mehreren zur gleichen Zeit, also mehreren Archetypen oder homöopathischen Bildern, Gleichnissen begegnen muß? Daß das dann in der Praxis erfordert, mehrere Mittel auf einmal zu geben?

Bitteschön, ich möchte Sie erinnern an die Definition des Prozesses, es ist ein Fluß. Wieviele Wellen gibt's in einem Fluß? Man kann die Wellen nicht als Separata klassifizieren. Das ist ein Strom. In der Mythologie zum Beispiel können Sie mit einem Mythos anfangen, einen Vergleichsmythos heranziehen und Sie gehen über die ganze Welt hinüber, und schließlich kommen Sie zurück, wo Sie angefangen haben. Es fließt Alles in Allem. Man kann es nicht so klassifizieren. Praktisch gesehen, ist jeder Archetypenkatalog ein Unfug. Praktisch gesehen, haben die meisten mehr als ein Konstitutionsmittel, also ich kann mich an keinen Einzelfall erinnern, wo ein Einzel-Konstitutionsmittel auf lange Sicht ausreichte. Das führt uns in das schwierige Gebiet der Komplementärität, der Kompatibilität der großen Konstitutionsmittel. Das ist ein eigenes Wissen, das im homöopathischen Lehren viel zu sehr vernachlässigt wurde. Zum Beispiel: Für mich bedeutet ein Lycopodiumfall, automatisch an Pulsatilla, Calcarea und Sulfur zu denken. Zu denken bloß – ich kann nicht wissen, was kommen wird, aber wenn sich das Symptomenbild nicht ändert und die Symptome trotzdem zurückkehren und Lycopodium nicht mehr hilft, werde ich zunächst mal automatisch an diese denken, und an Syphilinum im übrigen auch. Oder Nit-ac. zum Beispiel heißt: Merkur, Syphilinum, Hepar. Vorhersagen kann man's nicht.

Aber nicht gleichzeitig?

Nicht gleichzeitig, nein, *niemals* gleichzeitig! Unitas remedi. Absolut. Sonst wissen Sie ja nicht, was Sie treiben. Außerdem antidotieren Sie möglicherweise.

Ja, das wollte ich wissen, ein Mittel auf's Mal ist eine praktische Notwendigkeit, eine methodische Notwendigkeit der Erkenntnis des praktischen Vorgehens, aber das ist keine strukturelle Unterscheidung. So habe ich das verstanden, was Sie sagten.

Das kann ich nicht beantworten. Es könnte möglich sein, daß mehr als eins gebraucht wird, aber dann würde ich vorziehen, Prüfungsbilder von den Kombinationen zu haben. Die haben wir aber nicht. Daher läßt sich die Frage nicht beantworten, bloß insofern, daß es ein Schießen ins Dunkel ist. Da wissen Sie nicht, wen Sie treffen, möglicherweise können Sie die eigene Nase treffen.

Krankheit – Konflikt

Nämlich, wenn man es so sagen kann, was ist Krankheit? Die bisherige allgemeine Vorstellung vom Naturgeschehen ist ja, daß es ein planloses Getriebe ist, mit dem Überleben des Tauglichsten und zufälliger Gestaltung des Organismus als maschinenartige Struktur, und überhaupt zufällige Ordnung oder Unordnung des Lebens, daher auch Krankheit etwas Zufälliges ist. Nicht wahr, Sie gehen da auf der Straße zufällig harmlos herum, und auf einmal fallen Ihnen die Bakterien über den Kopf und wenn Sie auf der linken Straßenseite gegangen wären, hätten Sie das vermeiden können. Da waren Sie aber zu dumm das zu tun, also bitteschön, es geschieht Ihnen schon recht. Also das ist eine Idee, diese ganze Weltanschauung – oder wie es gesagt wurde, wenn Sie ein paar Affen zusammentun mit Blechstücken und die lange herumklimpern lassen, werden Sie mit der 9. Symphonie von Beethoven schließlich enden oder wenn Sie diese Affen auf Schreibmaschinen loslassen, werden sie irgendwann Shakespeare schreiben. Das ist die heutige wissenschaftliche Einstellung.

Die Frage wiederum: Chaotisches Getriebe, gibt's denn überhaupt so etwas? Wenn die Grundelemente Formelemente sind, in der Ordnung in Raum und Zeit, nämlich geformte Zeit – dann heißt das: Sinn und Ordnung, daß ist eigentlich identisch. Also muß dem Geschehen universell Sinn und Ordnung unterliegen, ausnahmslos. Das haben Sie schon beim I-Ging gesehen. Da ist nun wieder ein schönes Beispiel die Wissenschaft, die was sie nicht sehen will, nicht sieht. Nämlich das Driesch-Experiment. Wer hat davon gehört? Driesch war ein deutscher Embryologe, am Anfang des Jahrhunderts und er hat folgendes Experiment gemacht: Er nahm Seeigeleier. Seeigel sind eine kleine, runde maritime Struktur, ein relativ primitives Zellgefüge und der Seeigel sieht so aus.

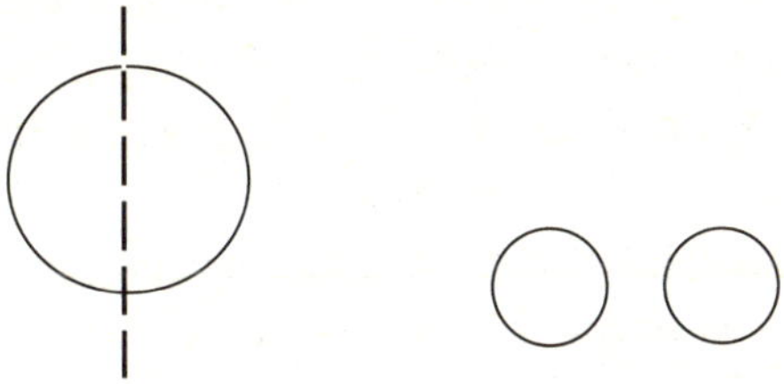

Das ist ein Seeigel, ich erlaube mir vorzustellen. Nun nahm Driesch ein solches Seeigelei und schnitt es in der Mitte durch, in zwei Halbmonde. Der Seeigel hat eine ungeheuer starke Regenerationskraft und die hat sich bemerkbar gemacht. Beide wuchsen zu völligen Seeigeln aus. Also nicht zwei halbe Seeigel, sondern zwei vollkommen entwickelte normale Seeigel. Da tat er das Gegenteil, nahm er zwei Seeigeleier und band sie zusammen, was geschah: Die Form setzte sich durch. Ein normaler Seeigel.

Er hat das Experiment mehrfach wiederholt, er hat es in Veröffentlichungen dargelegt und keiner kümmert sich darum. Driesch nannte dann den Ausdruck »Entelechie« dafür. Entelechie ist ein griechisches Wort: »entelos« heißt ein Ziel das drinnen ist, also ein inhärentes Ziel, ein inhärentes Ziel auf das zugestrebt wird. Das Wort kam von Aristoteles. Das heißt also, Naturgeschehen ist nicht ein Zufall wie in der Idee von der Billardkugel – was sich zufällig aneinander stößt, bringt es in's Rollen – sondern ist eine vorgeformte Form. Was nun ist die vorgeformte Form im Allgemeinen des Krankseins? Was ist die Entelechie der Krankheit im Allgemeinen? Also wenn jemand das so einfach beantworten kann, dann kriegt er sicherlich den Nobelpreis. Ich kann es auch nicht beantworten. Aber, wir haben nun einen Zugang zur, möchte ich sagen, Quelle aller Entelechie, nämlich zur implikaten Ordnung. Zur implikaten Ordnung gehört, wie Bohm hingewiesen hat, nicht nur die Musik, die die Eigenschaft hat, daß in einem Moment eigentlich alles drin ist, – wenn Sie ein Stück herausnehmen ohne das Gefühl des Ganzen, so ist nichts da. In irgendeiner Weise trifft das aber auf jede Art Kunstform zu, ebenso daher und ausschließlich, ich gehe zurück, im Musikerleben, ich würde sagen, ist es die direkteste Brücke zum Geist überhaupt, wie das nämlich erlebt wird. Nun ist das, wie gesagt, in jeder Kunstform so, es ist auch so im Mythos und im Traum, da haben wir Bilder und Bildungen, die direkt an die andere Seite anschließen, und man kann sagen, der Mythos ist der kollektive Traum und Träume sind der individuelle Mythos. Also, wir können nun aus dem Studium von Träumen und Mythologien ein Gefühl erhalten, was es mit der Krankheit an sich hat. Da werde ich Ihnen nun mal Beispiele geben, zuerst einmal aus der Mythologie.

In der Primitivstufe, also in der ersten Entwicklung des Mythos, wird Krankheit als Verhexung angesehen, als Verhexung oder Seelenverlust. Zum Beispiel im Märchen: Der alte König ist krank, er hat seine Seele verloren, weil seine Zeit um ist, oder der Liebhaber ist krank, weil die Geliebte sozusagen seine Seele besitzt und nicht zugänglich ist, denn die Notwendigkeiten werden nicht befriedigt. In der schamanistischen Sicht wird ja auch heute noch die Krankheit angesehen als ein Einfall von bösen Geistern, und die werden gemahnt. Nun, ganz so abwegig ist das ja auch nicht, wenn man das mal psychologisch ansieht, denn was da als Verhexung, zum Beispiel einfach von bösen Geistern gesehen wird, das nennen wir heute Komplexe. Diese Komplexe werden mit Vorliebe anderen zugeschrieben, mit Unliebe sich selber, wir nennen das Projektion. Also,

Krankheit hat schon sehr viel damit zu tun, daß man von den Komplexen übermannt wird oder überfraut wird. Also, in der Primitivform ist das irgendwie richtig gesehen. Auf der späteren Stufe – ich würde sie die deistische Stufe nennen – also vorwiegend im Christlichen aber auch im Griechischen, ist Krankheit Strafe. Strafe für Schuld, ja, im Wesentlichen Strafe für Schuld, zum Beispiel der Sündenfall. Dann haben wir ein sehr schönes Beispiel, Prometeus kriegt eine Hepatitis, seine Leber wird angefressen, weil er das Feuer von den Göttern gestohlen hat, Prometeus heißt: Vorgedanke, Vordenker. Das hat er sich also nicht vorgedacht, daß ihm das passiert. Aber das Eindrucksvollste, das gewöhnlich von den Philologen übersehen wird, ist in der homerischen Ilias. Die Ilias fängt an mit den Worten: »meninaide thea«, vom Zorne sprich mir oder singe mir, aber »menis« hat auch mit Sinn zu tun, Mind, Manas, die indogermanische Wurzel, die mit Bewußtsein zu tun hat. Also Zorn ist hier Bewußtsein und die erste Form des Zornes ist die Krankheit. Es fängt ja damit an, daß Apollo die Pest in's griechische Lager schickt, weil ihm Agamemnon die Priesterin verweigert hat. Die Priesterin hat nun einen interessanten Namen, sie heißt Chryseis, Chryseis heißt die »Goldene«. Das hat seinen Grund, über den auch noch niemand nachgedacht hat. Aber jedenfalls, aus der Verweigerung, dem Gotte zu geben, was dem Gotte gehört, erwächst die Krankheit. Der Agamemnon macht dann kurzerhand mit der Sache, und schickt sie nach Hause, mir nichts dir nichts, die Krankheit geht äußerlich weg, aber innerlich geht sie nicht weg, der vernichtende Streit zwischen ihm und Achilles geht weiter, der schließlich zum Untergang des Achilles führt. Achilles ist der Sohn der Göttin, der Held.

Zum Beispiel auch in der christlichen Version des Grals, des Gralsmythos, kommt die Krankheit zu Amfortas aus dessen Verschuldung, weil er nicht gehorcht hat. Die Krankheit ist, traditionell gesehen, irgendwie eine Strafe Gottes. Nun, das ist eine Vorstellung, die wir angeblich überlebt hätten, aber wir haben sie nicht überlebt. Zum Beispiel in der Naturheilkunde spukt das noch immer herum. Wenn du richtig gelebt hättest, wärest du nicht krank geworden. Wenn du genügend Grünfutter innegehabt hättest, und keinen Kaffee getrunken, und wer ist unter uns der sich nicht schuldig fühlt? Oder krank wird? Oder sich schämt? Also, Schande und Schuld ist Krankheit. Das ist aber nun schon in Frage gestellt, sogar in der christlichen Überlieferung. Da gibt es zum Beispiel diese Stelle im Johannes Evangelium 9.1.3, »und Jesus ging vorüber und sah einen der blind geworden war, und seine Jünger fragten ihn und sprachen: Meister wer hat gesündigt, dieser oder seine Eltern, daß er ist blind geworden? Jesus antwortete: Es hat weder dieser gesündigt, noch seine Eltern, sondern es sollen die Werke Gottes für ihn offenbar werden.« In der Lutherischen Übersetzung steht »an ihm«, aber es heißt ***für*** ihn. Also, hier ist die Idee ausgedrückt, daß um der Sicht Gottes Willen die Krankheit kommt. Nun, daß ist auch im Buche Hiob so. Nicht wahr, Hiob wird von allen möglichen Miseren geschlagen, und seine Freunde kommen jetzt zu ihm und halten ihm eine richtige, tüchtige, christliche Predigt: Irgendwo mußt du was falsch gemacht haben. Und Hiob weist es energisch ab. Und besteht darauf – Gott selbst soll ihm zur Rechnung stehen. Und schließlich hat er – das ist ein Punkt den auch Jung verfehlt hat – schließlich hat er die Vision Gottes, und wenn er sagt, »ich habe von dir bisher gehört, jetzt habe ich mit Augen gesehen«, wenn er diese Sicht hat, ist er geheilt. Und nachher kommt noch extra Gott und schimpft die Freunde tüchtig aus, die ihn angeklagt haben, um ganz klar zu machen, dies ist nicht ein Schuldproblem. Das stimmt auch mit der Tradition der griechischen Mysterienheilung zusammen. In den Asklepiostempeln, nicht wahr, war es Brauch, daß der Kranke zum Tempelschlaf kam, zur Inkubation, also wie er tagelang, wochenlang im Sanatorium schlief, bis ihm der Gott erschien. Im Traume oder in einer Vision. Und wenn es geschah, dann war die Heilung da. Da ist ein Fall der berichtet wurde, daß der Kranke danach ausrückte ohne den Arzt zu zahlen, worauf der Asklepius ihm wieder im Traum erschien und ihm die Krankheit zurückgab. Bis er die Rechnung bezahlte.

Also schön, was sagen unsere modernen Träume dazu? Die gehen darüber hinaus und weisen auf die Tatsachen und Notwendigkeiten einer energetischen, ich möchte fast sagen, ökologischen Umschaltung, energetischen Umschaltung als anzuerkennende Notwendigkeit hin, – nicht wahr, Energie ist ja unser Name für das was früher Gott genannt wurde – also auf eine Umstellung inbezug auf das energetische Geschehen, das was eben im Evangelium Metanoia heißt, falsch wieder übersetzt mit Bereuen, Metanoia ist den Sinn umändern, also eine Neueinstellung, Umstellung heißt Metanoia, das Wort, was Johannes der Täufer immer verwendet. Also jeder Traum gibt eine Sicht in der sich das Bewußtsein neu ausrichten soll, und die Krankheitsträume auch, also eine Sicht auf den Einbruch von etwas Neuem, sei es ein unterdrücktes Gefühl oder ein projizierter Komplex, der dann Behexung genannt wird oder Seelenverlust, weil etwas draußen ist, das drinnen sein sollte, wenn man draußen und drinnen überhaupt anwenden soll.

Seelenverlust oder Sinnverlust, das habe ich nicht verstanden.

Zum Beispiel wenn ich in Sie verliebt bin und sie sind jetzt mein Leben, dann habe ich es nicht mehr, dann haben Sie meine Seele in Ihrer Tasche und ich hab sie verloren. Und wenn ich das Unglück habe, daß Sie mit meiner Seele nach Amerika fahren, dann ist's Pech für mich. In diesem psychologischen Sinn.

Oder auch zum Beispiel ein Sichauseinandersetzen mit Schuld oder Schande. Jung berichtet zum Beispiel von einem Fall, einem besonders drastischen, einer Dame die im fernen Osten war, und die um eines Liebhabers wegen es zugelassen hat, daß ihr Kind infiziertes Badewasser trank und daran gestorben ist. Also sie hat freiwillig-unfreiwillig ihr Kind gemordet und hat sich das niemals zugestanden, aber wurde krank, eine schwere Depression, die sich erst lüftete, als Jung sie mit dieser Tatsache konfrontierte, also als sie einsah, daß sie eine Mörderin war, und das in die »Untertasche« geschoben hatte, dann konnte sie wieder funktionieren. Das ist ein besonders dramatischer Fall des unterdrückten Schuldgefühles. Ganz gleichgültig ob es berechtigt oder unberechtigt ist – oft müssen wir solche Schuldgefühle herausziehen, um sie zu bestätigen oder manchmal auch um zu sehen, wie unsinnig sie sind, aber das Gefühl als solches, weggeschoben, nicht damit in Beziehung getreten, macht krank.

Also, jetzt Träume. Ich habe Ihnen schon einige Beispiele am Anfang gegeben, zum Beispiel: Schamgefühle, die die Ekzeme verursachen, Haut ist Einstellung zur äußeren Welt. Schamröte zum Beispiel. Scham geht besonders gern in Hautkrankheiten hinein. Da war ein sehr energischer Geschäftsmann, der träumte, daß ihn ein riesiges Pferd von rückwärts hier in die Schulter biß. Kam innerhalb derselben Woche mit einer schweren Bursitis, genau an dieser Stelle. Also, bleiben wir mal bei diesem Traum. Das Pferd, das dunkle Pferd, der Nachtmahr zum Beispiel, ist ein Bild, was Freud schon so gesehen hatte, der Elementarkraft unseres körperlichen Seins. Es ist sehr oft die große Göttin in Pferdeform, vor allem in der keltischen Mythologie. Also, dieser Mann wird hier von einer Lebensenergie gebissen. Das Medikament in diesem Fall war interessanterweise Acidum nitricum, ein sehr bissiges Mittel – dieser Mann hat tatsächlich das Lebendige von sich gewiesen und hatte nur seinem intensiven, verbissenen Ehrgeiz gelebt, also seine Beziehung zum Pferde war ungenügend und das Pferd hat ihn an sich erinnern wollen in jener Pferdeform halt, das geschieht eben so.

Ein anderes Beispiel. Eine junge, schwangere Mutter träumte, daß ihre Mutter blühende Rosen ausreißt. Können Sie raten, was das ankündigte? Ein Abortus. Also, sie hatte eine schlechte Beziehung zu ihrer Mutter gehabt. Mutter bedeutete für sie Unpersönliches, Bedrohendes, daher hatte sie auch eine schlechte Beziehung zu ihrem eigenen Muttertum. Also die negative Beziehung zum Mütterlichen, sagt der Traum, reißt das wachsende, liebliche, rosige Leben aus.

Ein anderer Fall. Das war auch eine Frau, die ein Problem hatte, sich positiv zu ihrer Weiblichkeit einzustellen, im Weiblichen etwas anderes zu sehen, als ein liebliches, süßes, also sich der anderen annehmendes und unterwerfendes Wesen. Sie träumte, daß in ihrem Zimmer ein Marienbild hing und daß es höchste Zeit sei, es von der Wand abzunehmen. Sie hat aber so lang gezögert, bis ihre Katze wild wurde und sie in den Bauch gebissen hat. Der nächste Schritt war eine Divertikulitis. Das war, soweit ich mich erinnern kann, Nux vomica - Sulfur, in dieser Gegend. Nicht wahr, das Marienbild ist für sie das weibliche Ideal der fürbittenden und lieblichen und immer guten Madonna. Ihr Vorbild. Und der Traum sagt, dieses Vorbild muß nun mal verschwinden, oder ....! Übrigens, dies Motiv des beißenden Tieres als Krankheitsträger ist sehr häufig, nicht wahr, dann wendet sich das Tierische, das Elementare, Instinkthafte gegen uns, weil wir dazu nicht richtig eingestellt sind. Nun ist ja das Malheur, aber richtig einstellen, ja, wie wissen wir denn, was richtig ist? Da ist immer dann eine Tendenz, etwas zu viel oder zu wenig zu versuchen, die das dann wiederum in die Pathologie bringt. Nun aber ist was Wesentliches hier – was an allen diesen Bildern auffällt, ist eine Dramatisierung – man könnte ja schließlich auch träumen, du vernachlässigst deinen Körper, oder man könnte ja auch träumen, deine Einstellung zur Mutter ist falsch. Gar nicht, niemals der Fall. Es sind immer hochdramatische und ich möchte sagen, sehr oft übertreibende, große Bilder. Also, was will das sagen? Das will sagen, meine ich, daß Bild, bildnern und vor allem dramatisieren, eine Urfunktion des Lebens ist. Ein Grundelement der Formgestaltung ist Drama und dramatische Handlung. Nun wissen wir das schon von der Biologie her, natürlich, aber das beachtet auch niemand. In der Biologie gibt es den Terminus: Darstellungswert von Formen. Da ist nämlich schon aufgefallen, daß die Tier- und Pflanzenformen sehr oft überhaupt keinen Überlebenswert haben. Das klassische Beispiel dafür ist der Deszensus der Hoden, im männlichen Tier und im männlichen Menschen, die Hoden entwickeln sich ja innerhalb der Bauchhöhle, in der warmen Temperatur der Bauchhöhle, wo sie geschützt sind und wandern dann nach der Geburt in den außen gelegenen Hodensack, wo sie ungeschützt sind, sich an kältere Temperaturen gewöhnen müssen und der Überlebenswert dieser Funktion ist Null, wenn nicht negativ, denn sie werden viel eher geschädigt als innerhalb der Bauchhöhle. Nun, Portmann in »Biologie und Geist«, weist darauf hin als Beispiel des Darstellungswertes, und weist auf die Ähnlichkeit mit Landsknechtbildern zum Beispiel hin, aus dem 16. Jahrhundert, die deutlich die Hodensäcke sogar in der Kleidung tragen. Dann gibt's die Hodenhörner zum Beispiel, bei australischen Aborigines, dann gibt's natürlich auch schon die spätmittelalterliche Tracht, die genau die Genitalgegend betont. Was will das alles sagen? Es ist die Demonstration des Männlichen. Es zeigt: Schau mal, was für ein Kerl ich bin. Dieselbe Funktion haben die Hornbildungen bei den Tieren zum Beispiel. Zum Kämpfen sind die meisten nutzlos, wer kann denn schon mit solch einem Geringel kämpfen oder mit dem großartigen Hirschgeweih, was einen fast umschmeißt; manchmal aber, als Demonstration von Kraft, da dramatisiert es. Dasselbe trifft auch zu für die Ritualtänze der Tiere, man könnte ja die Dame einfach nehmen und in's Zimmerlein führen und zur Sache kommen, statt da diese ganzen Dings... rumzutun, die Ritualfärbungen zum Beispiel. MacLean, ein Gehirnforscher, weist darauf hin, daß, wenn man kämpfenden Eidechsen zusieht, kann man sich denken, daß man am Hof von König Arthus ist, wie die einander herausfordern und dann die Farben aufstecken und losgehen, und die Farben streichen, wenn besiegt. Und sogar, hat er beobachtet, einige Male hat die besiegte Eidechse sich einfach hingelegt, in großer Bekümmerung, und ist daran gestorben. Konnte die Niederlage nicht verkraften. Wie menschlich!

Also, könnte man sagen, Formdarstellung läuft auf Drama hin, ist Drama, und zwar Drama, das Zuschauer braucht. Denn man stellt ja die Formen vor, damit jemand sie sehen kann. Mit anderen Worten: Das ist nicht Anthropomorphismus sondern es ist eine Einheit von Darsteller und Zuschauer, wenn einer fehlt, gibt's kein Drama. Also könnten wir sagen, daß der Wirbel im Flusse des prozessualen Geschehens, des ewigen Wechsels, Drama ist. Wechsel ist Erneuerung, Erneuerung heißt aber Zerstörung des Alten, um neu schaffen zu können. Das ist der Inhalt jeglichen Dramas. Goethes Wort: Natur hat den Tod erfunden, um desto mehr Leben zu haben – der Alte hat's schon wieder gewußt. Also, Drama beinhaltet dann Formgestaltung, Darstellung – Exposition 1. Akt, Bedrohung, Anziehung oder Abstoßung, Entfremdung und Kooperation, Konflikt, Krise, Sackgasse und mögliche, erstrebte Lösung, ohne das gibt's kein Drama, gibt es keine Formgestaltung. Bitte, das ist wichtig, das ist das Kernstück, ist das klar? Nun, aber immer, irgendwann mal das Auftreten des Störenden, des einbrechenden Antagonisten. Drama heißt immer Protagonist und Antagonist, und für uns hat er einen schönen Namen der Antagonist, nämlich Diabolos, der Teufel. Diabolos heißt der, der es durcheinander wirft. Nicht wahr, das ist seine Funktion, die schöne Ordnung und dann muß nun einer sein der sie durcheinander wirft, sonst wird's zu langweilig. Wiederum Goethe im Faust, das ja die Dramatisierung des Buches Hiob ist: »Des Menschen Tätigkeit kann allzu leicht erschlaffen, er liebt sich bald die unbedingte Ruh; Drum geb ich gern ihm den Gesellen zu, der reizt und wirkt und muß als Teufel schaffen«. Das sind die Worte, die Goethe dem Herren in den Mund legt. Nun, interessanterweise ist diese Dynamik, nämlich Exposition, Krise, Entwicklungskrise und Lyse, grundlegend für jegliches Verstehen eines Traumes. Das ist im Traum eingebaut. Jeder Traum folgt diesem Schema. Und wenn man dieses Schema nicht kennt, kann man nicht den Traum anständig deuten. Nämlich immer eine Ausgangssituation, im Traume heißt das, also zum Beispiel in dem Traum mit dem Marienbilde, du hast in deinem Zimmer ein Marienbild, Exposition 1. Akt, nämlich Re, wie das in den offiziellen Dokumenten heißt inbezug auf Marienbild im Zimmer, das ist das Thema des Traumes. Nämlich dein weibliches Vorbild. Entwicklung: Es ist höchste Zeit, daß es runterkommt, spricht für sich selber. Du zögerst, Katze beißt dich. Krise. Die Lysis fehlt hier, aber wenn man nicht auf die Exposition, nämlich auf den Anfang des Traumes achtet, weiß man nicht, worauf sich der Traum bezieht. Was ich sagen will, ist daß die dramatische Struktur dem Leben grundsätzlich eingebaut ist. Daher die Wirkung des Dramas auf uns, wenn wir es ansehen, die karthartische Wirkung. Und darum können Sie verstehen, daß das Drama ursprünglich aus dem Tempeldienst kommt, aus den Tempeln des Dionysos, des Zerstörers. Die griechische Tragödie ist ja immer ein Geschehen, ein Schicksalsgeschehen, das den Menschen übermannt, weil er nicht die richtige, freundliche Einstellung zu den Göttern hat.

Nun haben wir wieder in der Biologie ein interessantes Beispiel, wie sehr das Drama lebensnotwendig ist, und es ist das Beispiel der Flachwürmer. Thomas Ardrey berichtet das in seinem Buch über territorale Ansprüche. Also, die Flachwürmer sind ganz primitive Kreaturen, die eigentlich bloß aus einem Intestinalschlauch und einer Öffnung vorne und hinten bestehen und überhaupt kein Gehirn haben. Ich weiß noch nicht mal ob sie Ganglienzellen haben. Da ist nun einer der behavioristischen Psychologen auf die Idee gekommen zu untersuchen, wie weit man diese Flachwürmer trainieren kann. Und hat dann ein.... Ding herausgefunden, wo er einen Kanal gebaut hat, und da war ein Teilweg, und die wurden jetzt trainiert, durch Lichtsignale, in einen bestimmten Weg hineinzukriechen und wenn sie den richtigen gewählt haben, wurden sie mit Wasser belohnt, ohne Wasser können diese Tierchen nicht leben. Also diese Flachwürmer haben brav gelernt, und nach einiger Zeit haben 80 % der Würmer den richtigen Weg gewählt. Schön, das Experiment wurde fortgesetzt, aber etwas unerwartetes geschah, die Flachwürmer gaben es auf. Nach 80% wurde es nicht besser, sondern schlechter. Dies ging bis auf 20% herunter, und schließlich gaben sie es ganz auf, legten sich hin und krepierten. Schade. Aber jetzt versuchten die Biologen herauszufinden, ja um Gottes Willen, was ist da geschehen? Statt Wasser gaben sie ihnen Zucker und weißgott noch was, nichts – die Flachwürmer weigerten sich. Bis einer der Biologen auf die Idee kam, vielleicht langweilen sie sich. Anstatt jetzt den Kanal so zu belassen wie er war, wurden Hindernisse eingebaut. Der Boden wurde aufgerauht, Barrieren errichtet usw. und siehe da, die Flachwürmer kamen zum Leben zurück. Jetzt war die Geschichte wieder interessant für die Flachwürmer, und jetzt haben sie wiederum Lichtsignalen gefolgt. Also, sogar den Flachwürmern ist's zu langweilig, wenn kein Hindernis und kein Antagonist auftritt. Wiederum Goethe: »Nichts ist schwerer zu ertragen, als eine Reihe von schönen Tagen«! Und der schlimmste Feind ist die Langeweile. Also, ohne den Teufel geht's nun mal nicht. Es gibt ja Legenden, da ist es gelungen, den Teufel zu bannen, und alles Leben kommt zum Stillstand. Oder zum Beispiel im Journalismus: Gute Nachrichten sind keine Nachrichten, sind nicht »news worthy«. Und warum geht man ins Kino? Um die Schauergeschichten anzusehen, weil das eigene Leben nicht genügend davon enthält. Also es scheint, daß es nicht so sehr auf das Überleben ankommt, sondern auf das Spielen. Drum hat Winnicott, der englische Psychiater, gesagt, Gesundheit ist die Fähigkeit zu pielen, aber »spielen« meine ich im dramatischen Sinn, das Lebensdrama wirklich durchzuspielen, anstatt davonzulaufen. Es wurde berichtet, daß Kaiser Augustus' letzte Worte auf dem Totenbett waren: Habe ich nun meine Rolle anständig gespielt in diesem dummen Spiel, das sich Leben nennt? Dann drehte er sich zur Wand und starb. Er ist übrigens auch der Mann, der niemals mit seiner Frau gesprochen hat ohne vorbereitete Notizen. Also, der wußte, um was es sich handelt. Na ja, gut, aber was heißt das nun? Wenn unser Leben ein Drama ist, dann ist der 1. Akt des Dramas unsere Kindheit. Die Kindheit ist Exposition, das heißt, in der Kindheit werden die Probleme gesetzt, müssen gesetzt werden, wenn ein Drama sich entfalten soll. Nicht wahr, wir sind so sehr in der Gewohnheit, wiederum zu denken, wenn es Papa und Mama anders gemacht hätten, dann wäre es nicht so gewesen. Stimmt aber nicht, das geht nicht. Man braucht Mama und Papa, die es falsch machen, damit das Lebensdrama sich entwickeln kann. Ich habe sogar den Verdacht – sehen Sie, dieser Patient, über den ich berichtet habe, das ist ein Beispiel – daß man sich Vater und Mutter sozusagen aussucht, um der Probleme willen, die man von ihnen bekommt. Da gibt es zwar einen interessanten, indirekten Beleg, nämlich die astrologische Vererbung. Diejenigen von Ihnen, die sich damit beschäftigen, wissen ja, daß verschiedene Aspekte von Großeltern und Eltern im Horoskop der Kinder sind. Nun, was heißt das aber? Diesen Aspekten entsprechen genetische Prädispositionen, ja, die genetischen Prädispositionen werden aber 9 Monate vorher gesetzt, das Horoskop ist 9 Monate später. Also tritt eine neunmonatige Distanz zwischen genetische Setzung und Horoskop, das heißt, daß der Geburtsmoment gewählt ist, den psychischen Gegebenheiten entsprechend. Das ist so genau, daß es mir einmal gelungen ist, nein zweimal schon, die Geburtsdaten von Enkelkindern genau vorherzusagen, also innerhalb der gegebenen Zeit, da Aspekte fällig waren, die ich selber sowie die Eltern des Kindes hatten, und pünktlich hat es dann eingesetzt. Also da haben Sie schon die Sicht der Wahl und nicht des Zufalls im Lebenseintritt.

Trotz des Eingreifens der Geburtshelfer, trotz der Operationen oder....?

Der zweite war eine Sectio, ein Kaiserschnitt, nicht wahr, das kam zur Zeit, da war Saturn-Uranus im Quadrat mit Mars. Also da stehen einem die Haare zu Berge.

Also da können die Geburtshelfer nicht so viel verpfuschen?

Die sind ein Teil des Dramas, aber das enthebt sie nicht der Verantwortung.

Hatte Ihre Enkelin mit dem Kaiserschnitt eine Saturn-Merkur-Konstellation?

Soweit ich mich erinnern kann, nicht, nein, nicht Merkur. Es war mir ungemütlich schon vorher, als ich diese Konstellation kommen sah, aber.... Das war auch interessant, das war meine Tochter, und ich war mit ihr in Verbindung. Sie ist in Kalifornien, und ich war an der Ostküste. Sie hat jeden Tag angerufen und mir Bericht erstattet. Und ich habe fortwährend, immer wenn es notwendig war, ihr ein

Mittel gegeben. Dann mußte ich zu einem Kongreß nach New Mexico, und sie kam in die Geburtswehen, erreichte mich, und es erschien alles normal. Dann war ich für 24 Stunden unerreichbar, und da blieb es stecken. Dann hat sie mich wieder erreicht, und ich gab ein anderes Mittel, und die Wehen kamen in Gang wiederum, wiederum war ich dann weg, und es war kein Telefon dort, sondern eine Wildnis, und die Wehen hörten auf. Ich war nicht zu erreichen, und das ging nun für 24 Stunden, und der Arzt sagte: Bitteschön, können wir nichts machen. Nicht wahr, so stellt sich das trotz all unserer Bemühungen oft einfach dar. Schön, dann heißt es aber, Konstitution und Persönlichkeit, nicht wahr, die sind ja die entsprechenden; die sind dann die Formen, in der das Spiel sich uns präsentiert und in denen wir mit unseren Gegebenheiten im Spiel spielen können. Die Art, wie und mit welchen Themen in Wechselwirkung mit Umwelt, dem Du und dem Störer, dem Teufel, wir uns auseinandersetzen. Körperlich nennen wir das Konstitution und fassen diese Gegebenheiten der Konstitution dann in Arzneimittelbildern zusammen, nicht wahr, das sind Vorgegebenheiten, wie unsere Körperlichkeit auf das Spiel, das Wechselspiel, reagiert. Seelisch nennen wir es Persönlichkeit oder Individualität. Aber da möchte ich drauf aufmerksam machen, in der Konstitution ist bloß das Thema und das Wie gegeben, niemals das Wer. Das ist das Unbekannte, und darin liegt sowas wie das, was wir Freiheit nennen. Es ist so, als ob uns Karten in die Hand gegeben werden, mit diesen Karten hast du zu spielen, zu siegen oder zu verlieren, andere Karten gibt's nicht. Aber wie du die Karten nun spielst, das ist dir überlassen. Da haben Sie das Widerspiel zwischen Schicksal und Freiheit. Nicht wahr, das gilt für die Konstitution so wie auch für die seelischen Gegebenheiten. Wenn man seine eigene Konstitution kennt, kann man mit ihr umgehen, wenn man sie verneint, um so schlimmer.

Aber diese Konstitution beinhaltet dann eben auch, welche Art Gegenspiel zu erwarten ist. Wie gesagt, sonst wird's ja zu langweilig. Noch ein anderes. Dramatische Form beinhaltet immer Sinngebung. Sinngebung oder Sinn. Wenn ich nicht verstehe, was vorgeht, das ist kein Drama. Wenn zum Beispiel ein Stück Musik mich nicht anspricht aus irgendeinem Grund, dann höre ich bloß einen Lärm. Das ist etwas, was gerade in der heutigen Psychotherapie oft nicht genügend beachtet wird. Wir haben jetzt so sehr die Gefühlsduselei, nicht wahr, Gefühl ist alles. Aber wenn dieses Gefühl sinnlos ist, wenn ich nicht sagen kann, ich liebe, dann ist es ja nichts. Wenn ich sage, ich liebe, gebe ich diesem Gefühl, diesem Drängen im Bauch da oder wo immer, einen Sinn. Also das ist eigentlich das grundlegend Menschliche, die Sinngebung. Also zum Beispiel hier dieses Widerspiel im Körperlichen und Seelischen, da haben wir nun zwei grundlegende Kriterien, was wir in der Psychologie oder Psychoanalyse Ich-Festigkeit nennen, ist im Körperlichen Immunität. Die Ich-Festigkeit ist die Fähigkeit, Grenzen zu setzen. Zu sagen, ich will, ich will nicht. Ja, nein. Wenn das körperlich fehlt, sind wir jedem Impuls, jeder Invasion preisgegeben. Umgekehrt, wenn zuviel davon da ist: Nein, nein, nein, laß mich in Ruhe, dann wird das seelisch zur Sterilität, körperlich zur Allergie, Überempfindlichkeit, und die sind eigentlich dasselbe. Nun, was heißt das jetzt wiederum? Der Rhythmus des Lebens, ich möchte sagen der Quantumpuls – das, was in der Physik Quantumpuls genannt wird – ist im Lebendigen der Rhythmus der Gestaltung, nämlich Formsetzung primär, Exposition, Fixierung der Form (etwas Permanentes), früher oder später Sterilität der Fixierung, es wird einem über, Neueinbruch, Konflikt, Integration, Fixierung, Sterilität – da haben Sie den Wellenschlag. Das ist grundlegend. Wir finden es im Drama, wir finden es im Traum, wir finden es natürlich in Hegels Dialektik:

Thesis, Antithesis, Synthesis, also im Drama und Traum ist es Exposition, Krisis und Lysis. Das ist also der Pulsschlag des lebendigen Daseins im Flusse des Wechsels. Wenn nun da eine Stauung eintritt, nicht wahr, wenn also die Welle stehenbleibt, wenn der Puls in die Sackgasse gerät – und zwar gerät er das gewöhnlich, weil das Trägheitsprinzip uns allen innewohnt, körperlich wie seelisch – dann nennen wir diese kritische Sackgasse Krankheit. Dann kommt es zum Stillstand, und es rüttelt an der verschlossenen Türe sozusagen, das nennen wir Symptom. Wenn wir dann natürlich gehen und die verschlossene Tür völlig zusperren, damit ja kein Lärm zu hören ist, und uns die Ohren stopfen, dann wird's natürlich nicht besser davon. Das nennen wir dann Allopathie. Also die relative Unfähigkeit oder Unwilligkeit – das kann beides sein, Unfähigkeit oder Unwilligkeit zu spielen, und das Widerstreben anstelle dessen heißt Krankheit. Ich betone aber auch Unfähigkeit, denn es ist nicht jedem gegeben, jederzeit das möglich zu machen.

Da fällt mir ein Traum ein, zwei Träume kann ich erzählen, eines Suizidkandidaten. Das war ein junger Mann, der einen Selbstmordversuch machte, er wurde gerettet, der Magen ausgepumpt. Und am Jahrestag des Suizidversuchs ging er wieder in eine tiefe Depression und gedachte es nochmal zu tun. Er hatte zwei Träume in dieser Nacht. In dem ersten Traum sah er sich im Schulhof seiner Mittelschule, und da war ein Fußballspiel gängig, und er weigerte sich mitzuspielen. Daraufhin sah er sich in den Keller versetzt, und eine riesenhafte Ratte war bereit, ihm an den Hals zu springen. Also der Traum ist sonnenklar. In derselben Nacht hatte er noch einen anderen Traum. Er war an einer steilen Felswand und versuchte, in dieser sehr schwierigen Lage hochzuklettern, und wußte, daß, wenn er heraufkommt, er im Paradiese sein würde. Und mit einem letzten Versuch gelang es ihm, er schwang sich hinauf und jetzt war er im

Paradies. Da kamen ihm die Paradiesleute entgegengelaufen, und er erwartete nun eine freudige Begrüßung, nein, die nahmen ihn und schmissen ihn wieder herunter, und da war er nun genau dort, wo er vorher gewesen war, nur war es nun noch ein bißchen schwieriger. Also das ist, was die Seele zum Selbstmord zu sagen hat. Und zur Unwilligkeit, das Spiel durchzuspielen. Senecas Wort: »Ducunt volentem fata nolentem trahunt« – Den Willigen können die Schicksalsmächte führen, den Unwilligen zerren sie. Unseren Weg können wir uns nicht aussuchen, bloß ob wir ihn willig und bemühend gehen oder nicht, das ist unsere Wahl. Nicht wahr, und dieses Gezerrtwerden von den Mächten ist das Unbehagen – im Englischen heißt Krankheit »disease«, Unleichtigkeit – die Weisheit der Sprache –, ist Leiden, ist Schmerz und Disabilität, die dann schließlich aus dem Funktionellen ins Organische übergeht, als Organzerstörung. Als Stauung, Unfähigkeit, dem Fluß des Lebendigen nachzukommen, Widerstand gegen den Fluß des Tao. Aber andererseits, sehen Sie, in diesem Sinne ist Krankheit auch ein Besessensein, denn die Mächte nehmen einen am Kragen und stoßen einen, wo man hin soll. Und zwar Besessenheit, wie in diesem Fall, von einer Macht oder Mächten, mit denen man eben nicht fertig wird. Nicht wahr, das Pendel steht still oder es überschießt, es ist ein Zuviel oder ein Zuwenig. Eine Entfremdung, ein Außertaktsein mit dem Strom des Tao. Eine Welle, die überschießt oder zu flach ist. Da kommen wir wiederum auf eine wunderbare Beschreibung von Goethe. Goethe sagt dazu: Die Natur bildet normal, wenn sie unzähligen Einzelheiten die Regel gibt, sie bestimmt und bedingt. Abnorm aber sind die Erscheinungen, wenn die Einzelheiten obsiegen und auf eine willkürliche, ja zufällig scheinende Weise sich hervortun. (»Zufällig« heißt in dieser Sprache noch was anderes als für uns). Weil aber beides nahe zusammen verwandt und sowohl das Geregelte als auch das Regellose von einem Geiste belebt ist, entsteht ein Schwanken zwischen Normalem und Abnormalem, weil immer Bildung und Umbildung wechselt, so daß das Abnormale normal und das Normale abnorm zu werden scheint. Das ist aus der »Morphologie« – es ist also ein Fluß der zögert und fließt, wieder zögert und fließt im Rhythmus. Und eine andere sehr schöne Beschreibung ist von Herbert Fritsche aus dem schönen Büchlein »Erhöhung der Schlange«*. Er sagt: »Der Mensch muß zeitlebens die Fülle dessen, was zu seiner Integrität gehört, immer neu bändigen und ordnen, denn ständig wollen Potenzen dieser Fülle (und das Wort Potenzen sagt, es sei bewußt doppelsinnig gewählt) in Eigenmacht, in Machtanmaßung ausbrechen. Mächtig werden heißt, statt in der geistartigen Dynamis zu verbleiben, massiv auftrumpfen. Aber solche Verselbständigungen die geschehen müssen, auf daß der Mikrokosmos Mensch nicht erstarre (da haben Sie's wieder), damit er wieder die anarchischen Dränge seiner Bildekräfte überwache und überwachse, machen ihn krank. Krankheit ist notwendig, ist grundsätzlich Morbus sacer, heilige Krankheit.«. Soweit von Fritsche. Also sie ist das notwendige Geschehen, um das Drama dramatischer zu machen. Es ist mir schon lange aufgefallen in diesem Zusammenhang, daß Menschen, die aus Gleichgültigkeit, oder sagen wir aus Sosein, psychologischen Konflikten ausweichen oder sie einfach nicht haben, früher oder später im Spital enden immer wieder und dann oft sehr ernsthaft. Oder etwas tun, unfreiwillig, das sie hinbringt, damit das Drama in Gang käme.

Nun, da kann ich Ihnen Beispiele geben, wiederum. Eine Verbissenheit, die selbstzerstörend wirkt, wenn sie nicht konfrontiert wird, und seelisch nicht erfaßt werden kann, sagen wir, wenn das Be-

---

*Herbert Fritsche: Die Erhöhung der Schlange - Mysterium, Menschbild und Mirakel der Homöopathie, Ulrich Burgdorf - Verlag für homöopathische Literatur, Göttingen

wußtsein nicht dazu ausreicht, wird dann zum Ulkus ventrikuli. Man frißt sich dann organisch auf anstatt seelisch. Oder herzloses Konkurrieren = Coronar-Pathologie. Status-quo-Insistenz = Arteriosklerose – der Lebenssonnenstrom wird gehemmt, überkommen vom Saturn. Blei ist ja auch wiederum eines der Medikamente für Arteriosklerose, das saturnische schwere Element. Depressive Verbitterung und Hoffnungslosigkeit = Carcinom. Ich sehe »Carcinom«, Krebs, als seelische Erkrankung ersten Ranges an. Natürlich sind da außerdem noch andere Auslösungsmöglichkeiten da, aber sie sind bloß Auslösungsmöglichkeiten. Mit dem Kopf durch die Wand rennen müssen = Migräne. Überverantwortlichkeit, die nicht bewältigt werden kann = Aurum, Gold. Das sind alles Menschen, die wie Atlas die Welt auf ihren Schultern tragen müssen und gequetscht werden oft. Oder Problematik des Aufnehmenkönnens, des Haltens innerhalb der eigenen Grenzen, und auch das Grenzsetzen und Offensein = Calcarea carbonica. Rückgratslosigkeit = Silicea usw. usw..

Eine andere Illustration der Krankheitslosigkeit. Da hatte mal eine Gruppe von amerikanischen Psychiatern die großartige Idee, nach problemlosen Ehen zu fahnden. Und machten einen Fragebogen und schickten ihn herum, und nach einigen Bemühungen kamen sie wirklich mit ungefähr 5% problemlosen Ehen herauf. Dann wurden diese untersucht, psychologische Profile, dann stellte sich heraus, daß das im großen und ganzen relativ primitive und gleichgültige und dickhäutige Personen waren. Also Ehen werden im Himmel, nämlich in der Hölle geschlossen und sind dazu da, um uns bewußt zu machen durch die Probleme der Beziehung, so wie die Krankheit. Nicht wahr, keine Heilung ohne Krankheit.

Sehen Sie in dem Zusammenhang die Notwendigkeit, einen Konflikt so auszutragen, daß es zu einer Lysis kommt, also jetzt speziell bezogen auf die sehr hohen Scheidungsraten in Amerika, das ist ja im Grunde ein Aufgeben an der Stelle, wenn der Konflikt sich anbahnt. Da wird aufgegeben, man fängt mit jemand Neuem wieder ein neues Spiel an, aber das sieht ja oftmals gleich aus?

Ja, nicht wahr, davonlaufen gilt nicht. Es ist einfach nicht möglich.

Ja, es wiederholt sich dann beim nächsten Partner wieder.

Ja, genau, genau, der Traum vom Paradies aus vorigem Beispiel ist fundamental. Auch wenn du stirbst, du kannst deinen Problemen nicht entgehen. Also, diese Auseinandersetzung dann mit den neu einbrechenden Wandlungsfaktoren beinhaltet auch immer eine Bewußtseins-Metamorphose irgendwelcher Art. Und ich muß Sie daran erinnern, daß Bewußtsein nicht notwendigerweise mit unserem Ich-Bewußtsein gleichzusetzen ist. Das ist besonders wesentlich, wenn man sich Krankheiten von Kindern ansieht. Also die Kinderkrankheiten sind ja immer Krisenstellen und Bewußtseinsumschwünge. Aber da ist zum Beispiel auch das Problem, was fängt man mit jungen Kindern an, die Krebs kriegen? Nicht wahr, was für eine Bewußtseinswandlung ist da denn erforderlich? Nun ist diese Sache auch nicht so einfach, denn Kinder leben nicht oft, nicht häufig, sondern *immer* das unbewußte Leben ihrer Eltern durch. Da ist das Phänomen der Induktion wieder da. Es sind ja Fälle bekannt zum Beispiel, wo eine Analyse der Eltern durch die Träume der Kinder durchgeführt wurde. Wenn die Eltern nicht träumen, nimmt man die Träume der Kinder heran. Denn da ist diese psychische Identität noch da – und weiterhin weiß man, daß Probleme, denen die Eltern ausgewichen sind, Probleme der Kinder werden. Und andererseits Probleme, mit denen sich die Eltern auseinandergesetzt haben, nicht mehr bei den Kindern erscheinen. Man könnte es so auch sehen, die Kinder haben es so viel besser, die haben sich niemals mit dem abzugeben, womit wir es so schwer hatten. Stimmt, hat auch seinen Grund, ist nicht mehr nötig. Also bei Jugendlichen und Erwachsenen vor allem, ist dieses Bändigen der Elementarkräfte, das, was immer als Neues da einbricht, im hohen Grade mit Ich-Wandlungen verbunden. Nun »Ich« aber, was ist Ich-Bewußtsein? Ich-Bewußtsein ist fundamental Trägheit. Nicht wahr, »Ich« beruht auf Permanenz. Ich kann mich bloß als Ich-selber fühlen, wenn ich die Illusion habe, daß ich derselbe bin der ich gestern war, und derselbe morgen sein werde. Was natürlich ein grober Unfug ist, denn das gibt's ja gar nicht. Aber das bilden wir uns eben ein. Ich-Bewußtsein und Ich-Festigkeit heißt immer »Ich bin«, »Ich kann« und »Ich habe«. »Ich bin«, da kommen wir später zu, heißt immer, ich muß bestätigt werden. »Ich kann« heißt immer, ich muß stärker sein als jemand anderer, zu zeigen ich muß auftrumpfen können. Und »Ich habe« heißt mehr, mehr, da haben Sie das Weltspiel. Aber in allen diesen wieder die Illusion der Permanenz und Unveränderlichkeit. Also die Idee und der Wille zur Unveränderlichkeit ist uns mitgegeben, ist der automatische Widerstand gegen die Wandlung. Das bleibt keinem erspart. Und guter Wille hilft da überhaupt nichts. Andererseits ist diese Ich-Festigkeit auch wiederum die Basis der Gesundheit. Im Amerikanischen sagen wir: you can't win. Daher kann man, wenn es diese Bändigung angeht, meistens entweder zuviel oder zuwenig bändigen, und in beiden Fällen geht's schief. Und was genau der goldene Mittelweg ist, sagt uns niemand. Es ist auch ein Aphorismus der Weisheit: Der goldene Mittelweg ist der leichte Weg, aber schwer zu finden. Außerdem, im goldenen Mittelweg zu beharren, wäre wiederum Sterilität. Da geschieht wiederum nichts. Also wie immer wir bleiben, wir können dem Konflikt der Krankheitsmöglichkeit und dem Leiden nicht ausweichen. Und allein der Versuch, dies zu tun, schafft schon Leiden. Das einzige, was uns überlassen ist, ist zu spielen, mitzutanzen und den Rhythmus zu spüren. Jedes Horoskop hat Bruch- und Streßstellen, Probleme und Unfähigkeiten, und dort setzt es sich dann immer hin. Aber dort ist dann auch unser Wachstumspotential, das weiß ja auch jeder Astrologe, die sogenannten schweren Aspekte sind die kreativen Aspekte. Und das schlimmste Horoskop, das man hat, der schlimmste Aspekt, den ich kenne, ist das große Dreieck. Wo alles von selber läuft und man niemals aus diesem endlosen Ding herauskommt. Nicht wahr, und dort in diesen Bruchstellen setzen Krankheit und Erneuerungstendenzen ein. Vom Ich her andererseits wird dieser Neueinbruch immer als Bedrohung, Störung und Leidensfaktor erlebt. Es kann nicht anders sein. So sind wir konstruiert. Und das ist so lange, bis der Sinn gefunden werden kann. Beobachtet wurde von Viktor Frankl, daß die Überleber in Konzentrationslagern immer die waren, die einen Sinn des Leidens finden konnten. Nicht die physische Vitalität, sondern die Sinnfindung. Was ist aber nun Sinn in diesem Fall? Integration. Nicht wahr, Sinn heißt dann Einordnung, ein Sehen, ein Erfassen der Einordnung in überpersönliche Dynamik. Nämlich in den Gestaltungswillen, in die Entelechie, die uns bestimmt. Also Sinn finden heißt, ein lebendiges Gefühl für das Schicksal zu bekommen, eine Amor fati. Drum Jungs Wort: Der Neurotiker ist der, dem die Amor fati fehlt. Das macht uns immer schief. Nun, für das Nicht-Ich-Bewußtsein aber, also das nichtdenkende Sehenkönnende, bedeutet diese Einordnung in die implikate Formgestaltung nämlich eben das, was durch das Arzneimittelbild, durch die Formung übermittelt wird. Warum und wie, ist dann die nächste Frage. Nämlich: Warum sind wir denn so? Solche Sinnfindung aber kann nicht durch den Intellekt geleistet werden. Man kann sich den Lebenssinn nicht ausdenken, wir können's probieren, es geht aber nicht. Hier sind wir angewiesen – und es steht auch in keinem Buch geschrieben – auf Imagination, auf Intuition, auf Bilderleben, auf Mythos und Traum, da es eben nicht aus dem Intellekt kommt, sondern aus dem Implikaten, aus der transpersonalen Ordnung. Und unsere Begrifflichkeit reicht niemals dafür aus. Nicht wahr, das ist dann das Gleichnis, aus dem nach Goethe alles Vergängliche besteht. Diese Sinnhaftigkeit. Daher können wir Hilfe erwarten und suchen. Vom Künstlerischen her, vom künstlerisch Kreativen, vom Traum und vom Mythos und vom Arzneimittelbild. Das hier wiederum sozusagen die substanzgewordene Bildformung der implikaten Ordnung darstellt. Daher nun die Notwendigkeit für den Heiler, immer oder wann immer möglich mit zwei Augen sehen zu können. Das psychische Bild und das körperliche Bildgeschehen erfassen zu können, um beide Sichten zu vereinen. Andererseits sind Beschränkungen und Unvermögen dessen und Versagen oft unvermeidlich, in Anbetracht unseres menschlichen konstitutionellen Soseins, unserer vorgegebenen Beschränkungen, vor allem unserer Begrenzung, unserer Informationsbeschränkung und der Notwendigkeit der Fixation des menschlichen Körpers und des Ich-Bewußtseins. Und außerdem ist niemand ein solcher Lebenskünstler, daß er jede Schale bis auf den Grund zu leeren vermag. Das ist uns auch nicht mitgegeben. Hier ist dann die Beschränkung unseres Wissens und Verstehens. Außerdem, wie ich schon am Vormittag sagte, nicht jedermann kann jedermanns Arzt sein. Daher ist es unvermeidlich, daß das, was noch nicht oder überhaupt nicht genügend seelisch erkannt und gewandelt werden kann, uns körperlich affizieren muß oder als äußeres Geschehen uns zustößt. Unfälle kommen ja auch immer an genau notwendigen Punkten herauf. Es ist nicht, daß man sie »will«, sie geschehen einem. Außerdem möchte ich noch etwas anderes sagen, im Sinne des Gesagten ist es nicht notwendig, daß wir uns Schwierigkeiten suchen, wir brauchen uns darüber nicht zu sorgen, die kommen schon. Nicht wahr, alles ist ein konstitutionelles Schicksal und ist vor allem eine Prädisposition, die aus dem frühen Kindheitserlebnis gegeben ist. Es scheint nämlich, daß je früher die traumatisierenden Störungen gestellt werden, desto tiefer drücken sie sich in die körperliche Matrix aus. Darum ist es so oft notwendig, trotz Analyse, trotz Psychotherapie auch medikamentös zu werden und auch körperlich zu werden. Und umgekehrt eben auch vom Körperlichen her, wie wir es vorhin gesagt haben, das Seelische zu mobilisieren, es herauszubringen. Nicht wahr, das Bild, das mir da vorschwebt, ist wie eine Wagenspur die sich in einen schlammigen Weg eingeprägt hat, der nun getrocknet ist. Die Spur wird hart. Man kann sie nicht ändern. Es bedarf eines Wolkenbruchs, um sie wieder locker zu machen und eine neue Spur zu setzen. Und unsere seelischen Verhaltensmöglichkeiten sind wie solche eingegrabenen Spuren, wie auf einer Grammophonplatte. Es kommt immer wieder, immer wieder, immer wieder fallen wir in dasselbe Loch hinein. Und Jung sagte, wir fallen immer wieder hinein, aber wir nehmen jedes Mal ein Stückchen Schmutz oder Staub mit hinein, und dann wird's langsam, langsam flacher. Aber bloß dann, wenn wir den Dreck als *unseren* Dreck anerkennen. Nun noch eine Frage, wie steht's nun mit dieser Bewußtseinsumstellung im Falle der »bloß« organischen Krankheit und organischen und homöopathischen Behandlung zum Beispiel? Oder wie gesagt bei den Kindern? Da kommen wir auf ziemlich abwegige Gedanken, aber ich möchte Sie aufmerksam machen auf die Experimente von Bier in den zwanziger Jahren mit Schwefel. Der fand ja heraus, wenn Sie Schwefel homöopathisch geben, dann treten oft Schwefelausscheidungen an der Haut auf. Also, daß der homöopathische Schwefel auf den Substanzschwefel einen Einfluß nimmt. Und man könnte vielleicht fast sagen, daß der geistige Schwefel, der Potenzschwefel, irgendwie den Substanzschwefel normalisiert, heilt oder weiß Gott was, nicht wahr. Nun haben wir ja aber auch gesehen, daß kein Grund zur Annahme besteht, daß Bewußtsein auf Ich-Bewußtsein beschränkt zu sein brauche. Wir haben sogar Evidenz, daß es ein Substanzbewußtsein auch gibt. Daß Bewußtsein eben viele Schichten hat. Also die Frage ist, könnte es nicht möglich sein, daß auch ein Substanzbewußtsein durch die Potenz an die implikate Ordnung angeschlossen wird? Sicherlich ein Organbewußtsein. Das ist keine Frage. Und das ist nicht eine Idee, die zum ersten Mal auftaucht, diese Idee gab's schon in der Alchimie. Die Alchimie hatte die Idee der Erlösung der Substanz durch das menschliche Geschehen. Also durch die Einheit, das werden wir mit dem Ähnlichkeitsgesetz genauer zu behandeln haben, von mikrokosmischem Menschen und makrokosmischer Welt. Daß, was immer im Menschen sich abspielt, auf die Welt Einfluß hat und umgekehrt. Daß also der menschliche Konflikt und die menschliche Heilung auch etwas in der Welt heilt. Das ist wiederum eine Tatsache, die aus der Konfliktbehandlung im Psychischen erhärtet ist. Zum Beispiel können Sie sehen, wiederum bei Kindern, daß Kindheitskonflikte sehr oft gelöst sind oder erleichtert werden, wenn die Eltern sich mit ihren eigenen Konflikten auseinandergesetzt haben. Oder daß, ich werde es etwas genauer beschreiben, daß, wenn eine Behandlung festsitzt und der Therapeut auf die blendende Idee kommt, daß er das was er an dem Patienten behandelt, in sich selbst suchen müßte, dann auf einmal beim Patienten was geschieht. Das ist psychische Induktion. Also das heißt – was wiederum die Physiker schon gefunden haben – daß nichts in irgendeinem atomaren Geschehen geschieht, das nicht ein Weltgeschehen ist, in irgendeiner Form oder einer anderen. Also daß die Lösung, die Heilung im Organischen möglicherweise auch was im Weltlichen bewirkt. Das hat Hering, der Homöopath, so schön ausgedrückt, wenn er sagte: Die Krankheit ist der Schrei nach dem Medikament. Also man wird krank, um das Medikament in sich aufzunehmen. Warum aber, vielleicht weil das Medikament aufgenommen werden will. Also daß da etwas vorgeht, das kann ich nur als Möglichkeit hinstellen, das sich weit über unseren Bezug ausdehnt.

Wie kann man dieses Konzept einordnen in das Problem der Sucht?

Also meiner Erfahrung nach sind die Süchtigen, vor allem die Alkoholiker, frustrierte Engel, frustrierte Heilige, für die ist das Leben auf der Erde nicht gut genug, die wollen auf dem kürzesten Wege ins Paradies kommen. Natürlich, da sind oft gute Gründe dafür da in ihrer Existenz. Aber sehen Sie, das ganze Aidsproblem hängt da mit dran. AIDS ist ja im hohen Grade eine Suchtkrankheit, es ging aus von Heroinabhängigen, die sich das intravenös eingespritzt haben, und auch von Homosexuellen. Der Typus der Homosexuellen wie zum Beispiel der Mann, der mit dem Paradies-Traum kam, der den Traum vom Paradies hatte. Das sind sehr oft Phosphor-Tuberkulintypen, die nicht ganz auf dem Boden stehen, sehr sensitiv, sehr künstlerisch, oft sehr begabt, aber oft sehr dazu geneigt, die Ekstase leicht haben zu wollen. Das ist das Problem des Ekstatischen überhaupt. Das Problem, das ich in dem Buch »Die Rückkehr der Göttin«[*] angerührt habe, nämlich das Wiedereinbrechen des Dionysischen in unserer Zeit, und des in diesem Fall unbewältigten Dionysischen. Diese ganze Problematik ist ein Rückschlag gegen die schwarze dunkle schwere Askese der christlichen Kultur. Ja, aber jetzt schlägt es zunächst mal in das andere Extrem aus. Und ob man nun diese billige Ekstase durch Alkohol oder durch Sex oder durch Morphium oder LSD oder was immer sucht, es läuft auf das gleiche

---

[*]Kösel-Verlag, München 1989

hinaus. Sozusagen auf die Verletzung, die Beleidigung des Prinzips, das durch das göttlich Weibliche dargestellt wird, also der Verinnerlichung. Man überfrißt sich dann an etwas, was in vorsichtigen Gewöhnungsdosen eingeführt werden muß. Also, um auf Ihre Frage zurückzukommen, mit Süchtigkeit hat man es mit schwer zugänglichen Situationen zu tun, weil das Gefäß nicht da ist, weil keine adäquate Struktur da ist, die halten kann. Sehr oft, homöopathisch angegangen, sind das übersensitive Leute, die, was immer Sie geben, Prüfungssymptome entwickeln. Man kann im besten Fall mit 30igsten Potenzen was ausrichten und oft noch nicht einmal da, oder man geht von einem Medikament ins andere. Und auch persönlich, in der psychologischen Arbeit, ist es schwer, Boden zu fassen. Um auf dieser Erde zum Stehen zu kommen, muß man sich dieser Erde verpflichten. Also es fällt mir ein Mann ein, der war auf Kokain. Und nach 7 oder 8 Jahren hat er damit endlich aufgehört, aber es ist eine Viechsarbeit. Es ist möglich, aber es gehört zum Schwierigsten der Arbeit, sowohl seelisch wie auch körperlich.

Und wie würde in diesen Fällen ein Tuberkulinum wirken, einfach als miasmatische Verarbeitung dann, weil Sie sagten, es seien hauptsächlich Phosphor und Tuberkulin...?

Typen, sagte ich. Aber, nicht wahr, jedes Medikament hat eine Streuungsbreite, ich würde nicht einfach blind das geben.

Nein, würde ich auch nicht, aber es heißt doch auch in der Literatur immer, bei Patienten, die eben überhaupt auf kein Mittel ansprechen, daß dann Tuberkulinum sehr oft den Fall löst.

Ja, ja, aber vor allem ebenso auch bei Menschen, die überreagieren, auch das ist eine Tuberkulinindikation. Außerdem, wenn wir schon dabei sind, möchte ich Sie darauf aufmerksam machen, daß Tuberkulin der chronische Schwefel ist. Also wenn Sie einen Schwefelfall haben, der sich nicht weiter rührt, denken Sie nicht nur an Psorinum, sondern auch an Tuberkulinum und Streptokokkus, in Potenz natürlich. Nicht wahr, die Regel ist, wenn in akuten Krankheiten das Medikament nicht wirkt, gibt man Schwefel, aber was ist, wenn der Schwefel nicht wirkt? Da gibt man Tuberkulin. Und die atypische Pneumonie, da gebe ich Tuberkulin und nachher frage ich erst. Das ist eine der wenigen fast unfehlbaren Tuberkulinindikationen.

Ich habe noch eine Frage zur psychischen Induktion, und wie weit Sie Beobachtungen gemacht haben, daß Erkrankungen von Haustieren, die mit den Menschen zusammenleben, induziert sind durch diese Menschen. Ich denke vor allen Dingen an Krebserkrankungen?

Ich würde sagen, also ich mach nicht gerne Statistik, ich würde sagen, mindestens 75-80% oder noch mehr. Schauen Sie sich das Haustier an, und Sie bekommen ein Gefühl für die unbewußte Problematik des Inhabers. Das ist unglaublich geradezu, wie genau das zutrifft. Die Psora wird ja eigentlich durch den Radius des Schwefels sozusagen allgemein dargestellt. Grob gesagt. Und Schwefel ist nicht nur Hans Dampf in allen Gassen, sondern auch ein Ringen um den Geist, nicht wahr, Schwefeltypen sind entweder ganz schwer erdgebunden oder solche, die immer nach etwas Geistigem fassen. Und das ist das Menschheitsproblem. In diesem Sinne also ist Psora die allgemein menschliche Erkrankung. Andererseits natürlich ist der Radius der psorischen Medikamente so groß, umfaßt ja fast alle großen Konstitutionsmittel, daß man wiederum das nur im allerallgemeinsten sagen kann.

Es gibt doch diese Aufstellung von antipsorischen Mitteln, die Hahnemann gemacht hat, und mir ist das immer ein bißchen zu eng gewesen.

In was zu eng gewesen?

Na ja, daß man sozusagen das reduzieren kann, auf die Mittel die man damals genannt hat....?

Ach, das würde ich auch nicht tun. Nein, nein, das meine ich nicht. Sagen wir so, es gibt eine Gruppe von sykotischen und syphilitischen Medizinen. Was übrig bleibt an großen Konstitutionsmitteln, ist psorisch. Also was man nicht da einordnen kann, sieht man als psorisch an. Und das ist natürlich ein riesengroßer Sack, in den Sie alles Mögliche reinschmeißen können. Aber zum Beispiel im Kent haben Sie ja die Rubriken Syphilis und Sykosis. Die sind verläßlich. Also wenn Sie zum Beispiel eins haben davon, nehmen wir an, Salpetersäure, dann werden Sie doch auch immer wieder an Merkurius, an Gold usw. denken, was immer in dieser syphilitischen Gruppe ist. Aber was dann außerhalb dieser engen Beziehung fällt, und einfach, wie gesagt, diese großen Konstitutionsmittel, die gehören alle in diese lose psorische Gruppe hinein. Zum Beispiel Tuberkulin hat Hahnemann ja noch gar nicht gekannt und den Streptokokkus. Oder andererseits berichtet Kent von einem Fall eines Mastdarmkrebses, den er mit Chamomilla geheilt hat. Also, wir nehmen Chamomilla im allgemeinen nicht als tiefgreifendes Mittel an. Aber es kann eben auch passieren. Also, das ist eine Rubrik wo man nichts systematisieren kann.

Ich komme damit nicht so ganz klar; vorhin haben Sie gesagt, wenn die Eltern ein Problem gelöst haben, ist es für das Kind gelöst. Oder als Patient, wenn man ein Problem gelöst hat,.....

Als Therapeut, nicht als Patient.

Als Therapeut, ja eben da wollte ich auch hinkommen. Wenn der Patient seine Probleme löst.....

Entschuldigung, ich muß da was sagen: Probleme lösen, das klingt so großartig. Man löst keine Probleme.

Also, ich werde Ihnen was erzählen jetzt. Ich bin 20, 30 Jahre tätig mit Studenten, also mit Arbeitsgruppen, wo Fälle berichtet werden. Und jedesmal, wenn ein Fall festsitzt, ist die Frage immer die nach der Gegenübertragung. Ich würde soweit gehen und sagen, daß neunundneunzigeinhalb festgefahrene Fälle in der Psychoanalyse auf einem Gegenübertragungsproblem beruhen.

1. Akt. Der Student, der Therapeut im Training, berichtet nun, wo die Situation festsitzt, was der Patient nicht handhaben kann. Ich fordere ihn auf, das so gut wie möglich zu präzisieren, und dann frage ich: Und wie trifft das auf dich zu? Jetzt drehen wir das mal um. Du bist jetzt der Patient mit diesem Problem, das du soeben beschrieben hast. Bitteschön, darüber möchten wir jetzt weiteres hören. Also dann wird das behandelt, dann kommen diese ganzen Berichte herauf und dann wird durchgewalkt von allen Seiten. Nächste Woche treffen wir uns wieder, und er kommt und sagt: Will you believe it? Das nächste Mal, als ich meinen Patienten sah, war alles weg. Ohne daß der Patient gewußt hat, was da geschehen ist. Und das ist die Regel und nicht die Ausnahme.

Und merkt man das als Therapeut auch, wenn beim Patienten etwas klar geworden ist, daß beim Therapeuten sich was ändert?

Ich würde es umgekehrt sagen. Es kann beim Patienten nicht klar werden, solang es beim Therapeuten nicht klar ist. Es ist unmöglich.

Aber die Arbeit leistet ja der Patient für sich dann, wenn er dahin geht um gesund zu werden.... Wenn der Patient zum Therapeuten geht, um gesund zu werden, in dem Moment, wenn er nach Hause geht, muß er ja arbeiten als Patient.

Ja, natürlich, aber er kann's nicht, wenn der Therapeut nicht mit ist. Wir sind begrenzt. Nicht wahr, das ist auch eine Sache. Jede Heilung spielt sich zwischen zweien ab, es gibt keine Einzelheilung. Als Homöopath gibt es das Wort: The doctor who treats himself has a fool for a physician. Also, der Doktor, der sich selbst behandelt, hat einen Narren als Arzt. Das ist sehr schwer. Man kann die eigenen Träume nicht adäquat interpretieren. Freud und Jung haben's versucht. Unsinn, was sie da oft produziert haben. Es ist immer Heilung durch Begegnung, in allen Ebenen, in allen Fällen. Genauso wie ein festgefahrenes Problem zwei braucht. Damit, sehen Sie, daß sich ein Patient einen bestimmten Therapeuten aussucht, ist schon was geschehen, da ist nichts Zufälliges dran. Sondern sein Schicksal oder wie immer Sie es nennen wollen, sein unbewußter Drang hat ihn dort hingeführt. Technisch gesagt, ohne Übertragung fängt keine Behandlung an. Das passiert einfach nicht. Aber zu jeder Übertragung gehört eine Gegenübertragung. Die Worte sind ja falsch. Denn das besagt: Erst geht man so und dann geht es so. Unsinn, das ist *eines*. Man trifft sich und man ist sofort unter einem Radius, unter einer Wolke. Schwer zu sagen. Von nun an ist alles geschehen, beiderseitig. Von mir selbst muß ich sagen (und andere auch), in meiner eigenen Entwicklung verdanke ich, na sagen wir 10%, meinem Therapeuten, 20% der Gruppenarbeit, an der ich teilgenommen habe, und 70% meinen Patienten. Die mich gezwungen haben, durch den »Engpaß« in dem sie waren – nicht immer sehr fröhlich – an meinem eigenen Zeug herumzuknabbern. Und in der Spiegelung zu sehen, wo ich festsitze. Wir sollten eigentlich unsere Patienten zahlen.

Das hat auch Georg Groddek gesagt, der Patient behandelt den Arzt, und der Arzt müßte eigentlich dem Patienten danken für diese dauernde Behandlung, die er durch den Patienten bekommt.

Aber natürlich machen sie uns auch leidlich schwitzen.

Ist Homosexualität eine Krankheit, ist das heilbar, oder ist es nicht als Krankheit zu betrachten?

Ja und nein. Es gibt eine pathologische Homosexualität, aber es gibt auch eine normale Homosexualität. Die meisten Homosexuellen, mit denen ich zu tun hatte, sind bessere Homosexuelle geworden durch die Behandlung. Aber es gibt auch Homosexualität als Irrtum sozusagen. Weil der »normale Weg« versperrt ist; und wenn der »normale Weg« wieder geöffnet wird, dann ist es gut. Aber zweifellos gibt es konstitutionelle Homosexualität.

Und hat da Platinum oder Sulfur oder Lachesis schon etwas bewirkt? Haben Sie damit schon gearbeitet? Um die Homosexualität zu ändern?

Nein, nein. Wie gesagt, das werden dann gesündere Homosexuelle, aber es ändert nichts dran. Nicht wahr, das ist eine alte Vorstellung wiederum, die da heraus kommt, daß Sexualität eigentlich nur zur Fortpflanzung dient. Daß die Frau eine Fortpflanzungsmaschine ist, und daß daher alle Sexualität, die nicht der Fortpflanzung dient, abnormal sein müßte. Das ist nun mal nicht so.

Ja, aber ist es nicht sogar so, daß jedes Individuum, und ich will da wieder Mensch und Tier gleichschalten, in einer gewissen Phase der Entwicklung auch eine Phase der Homosexualität durchläuft?

Ja, aber das ist temporär bloß. Aber wenn wir von Homosexualität sprechen, dann meinen wir die festsitzende.

Die Bulimie, gehört die zu den Süchten?

Ja, ja, würde ich schon sagen, aber nicht in demselben Sinne. Da ist meistens eine spezifische Situation da, das sind sehr oft vor allem Frauen, die eine krisenhafte Bindung mit dem Vater, dem Väterlichen, haben. Und Bulimie, aber auch das Gegenteil, die Anorexia, haben beide auch mit der Erdeinwurzelung zu tun. Also in der Anorexie ein Abweisen der irdischen Existenz und in einer Bulimie sich vollfressen, aber auch als Abweisung irgendwie des körperlichen Daseins im allgemeinen. Also in diesem Sinne würde ich es nicht mit Morphinismus usw. direkt einklassifizieren. Aber es ist ähnlich.

Könnte es auch eine Wahnidee sein, ich habe mich manchmal gefragt, ob es nicht fast eine wahnhafte Idee ist, wir haben ja auch unter Wahnideen im Kent sowas wie Dünnsein, Thuja steht da, einmal steht »Verhungern« mit Ignatia also unter Wahnideen. Und einmal steht »falsche Vorstellung über den Körper« mit Thuja. Und ich habe mich manchmal gefragt, ob es nicht auf solche Mittel hinausläuft, weil es so wahnhaft festgefahren ist bei diesen jungen Mädchen?

Also bei einer Anorexie würde ich mit Thuja nicht behandeln. Thuja-Leutchen sind mehr rundlich, wenn ich so einen Zahnstocher sehe, würde ich nicht an Thuja denken normalerweise, aber es kann ja sein. Noch eine andere Sache. Viele psychologische Symptome, so wie auch die Traumsymptome im Kent, würde ich mit allergrößter Vorsicht angehen. Ich sage nicht, daß sie unbrauchbar sind. Denn wenn Prüfungen gemacht wurden, da war ja niemals eine psychologische Untersuchung da. Also man kann da nicht einfach sagen, daß notwendigerweise die psychologischen Änderungen aus dem Mittel herkamen. Hat ja niemand nachgefragt, was für Leute das überhaupt sind. Und vor allem, was da im Kent an Träumen steht, also das ist...

In der Rubrik »Träume«, wollte ich fragen?

Wenn ich nicht zu grob bin, würde ich sagen, das ist Mist.

Aber ich hab bei Träumen schon erlebt, wenn jemand kam mit ganz einem starken Traum von einem Skelett zum Beispiel, eine junge Frau, die jeden Morgen erbrach, jeden Morgen. Und ich hab mit Kalium carbonicum und allem, was so immer anstand, gearbeitet und kam nicht weiter. Ich wußte, sie hatte eine Vaterproblematik. Der Vater war ein Tyrann gewesen, der gestorben war. Und dann träumte sie eines Nachts von dem Skelett des Vaters. Und da habe ich Opium gegeben, auf diesen Traum hin, und ab da war das ge-

samte Erbrechen, die ganze Krankheit verschwunden. Also sowas hab ich mit dem Traum sehr oft erlebt.

Also, ich danke Ihnen, darauf aufmerksam gemacht zu werden.

Oder Schlangenträume, auch sehr wichtig.

Gerade Schlangenträume sind so häufig, daß das geradezu etwas Normales ist, das wäre gar kein Symptom für mich.

Da sollten wir aber nicht nur Sie, sondern auch Ihren Verleger fragen, wird Ihr Traumbuch auch hier in deutscher Sprache erscheinen?

Es ist noch nicht einmal in englischer Sprache erschienen! Aber der deutsche Verlag arbeitet bereits auch an der deutschen Fassung. Aber dieses Buch ist rein psychoanalytisch.

Wie heißt das Buch?

»Dreams, a Portal to the Source«*.

Die anderen Bücher, die schon da sind, könnten ja auch mal übersetzt werden, es gibt ja noch zwei weitere von Ihnen?

Ja, so, warten Sie mal, das Buch »Return of the Goddess« kommt im März 1989 beim Kösel-Verlag München heraus.

Wie heißt es denn dann auf deutsch?

Rückkehr der Göttin.

Eine praktische Frage noch: Wenn Sie zum Beispiel eine C 30 geben, geben Sie die auch nur einmal und geben Sie dann Placebo?

Ja, ja, C 30 jedenfalls nur einmal. Denn damit können Sie schon prüfen, mit C 30. D 30 würde ich wiederholen, aber C 30 nicht. Ich selber gebe ungern Placebo.

Geben Sie gar nichts dazu und die Leute akzeptieren das?

Ja, ja. Aber die Geschichte ist ja die, wenn ich C 30 gebe, habe ich ja einen Grund dafür. Der Grund ist ja dann immer, daß ich eine

---

*In Vorbereitung in Deutsch. Arbeitstitel: Träume, das Tor zum Urgrund, Ulrich Burgdorf - Verlag für homöopathische Literatur, Göttingen

Überempfindlichkeit erwarte. Und daher würde ich nicht wiederholen.

So werden Sie rasch was merken, und bei einer Hochpotenz können Sie auch Monate warten?

Ja, ja, und ich ziehe das vor, jetzt von dieser neuen Methode, bei Eizayaga zum Beispiel, das täglich zu geben, da habe ich schlimme Sachen gesehen.

Das ist ein Unglück.

Nicht Unglück, das ist gefährlich. Ich hab ganz, ganz üble Sachen davon gesehen. Also da halte ich noch immer an der alten Hahnemannschen Regel fest – Stoß, und dann abwarten, bis es abklingt, und dann.... und auch da würde ich nicht notwendigerweise die Potenz wiederholen. Also niemals wiederholen. Aber oft habe ich gesehen, daß es von 200, 10000, dann 1000 geht, dann wieder 10000, dann wieder 200, da sind individuelle Rhythmen dadrin.

Die Symptome, die schlecht zu gebrauchen wären, sind Gemüts- und Traumsymptome?

Ja also, die Symptome, denen ich mißtrauen könnte, sind nicht die Gemütssymptome, nein, nein, sondern die Traumsymptome.

Nur die Traumsymptome?

Ja, die Traumsymptome, die Gemütssymptome sind schon recht.

Ich hab mit dem Abwarten bei den Hochpotenzen so große Schwierigkeiten. Da ging es also einem Patienten sehr schlecht, der bekommt einen Ohnmachtsanfall oder epileptischen Anfall oder in die Richtung, täglich oder jeden zweiten Tag, und ich gebe ihm jetzt eine Hochpotenz und sage ihm, warten Sie mal drei Monate.....???

Würde ich sagen, brauchen Sie auch nicht. Je akuter der Zustand, desto rascher wirkt das Simillimum. Also wenn Sie nicht bei solchen Fällen genügend bald den Eindruck haben, daß was geschieht, dann können Sie annehmen, daß das Mittel nicht richtig war. Nun sehen

Sie, Sie brauchen ja gar nicht zur Epilepsie gehen. Nehmen Sie an, Sie haben einen septischen Zustand. Na, da werden Sie auch nicht einen Monat warten, bis... Oder einfach im gewöhnlichen Fieber. 24 Stunden maximal. Also da ist schon ein Einspielen da.

Bei der chronischen Krankheit, die aber sehr starke Symptome hat, zum Beispiel Depressionen mit Suizidgefahr, kann ich auch nicht so lange warten?

Ja, da würde ich nicht nur homöopathisch behandeln.

Ich kann ja nichts sonst. Ich würd in Wirklichkeit Psychopharmaca geben, das wird wohl das homöopathische Mittel bremsen in der Wirkung, oder nicht?

Ach so, das meinte ich nicht. Ich hab mit den Psychopharmaca nichts zu tun.

Ich weiß, aber wir haben ja keine Möglichkeit.

Haben Sie keine Psychotherapeuten?

Nein, wo denn? Bin 200 km vom nächsten entfernt. Das ist Landbevölkerung, das geht kaum.

Na, dann werden Sie es eben selber lernen müssen.

Aha.

Aber ich kann Ihnen ein Gegenbeispiel geben.

Ja, aber wo kann ich's denn lernen, in Deutschland oder Österreich? Wo gibt's da gute?

Aber ich kann Ihnen einen Gegenfall bringen. Da hatte ich einen manisch depressiven Fall. Ein manisch depressiver Zustand spricht gewöhnlich ausgezeichnet auf Homöopathie an. Das war ein Suizidkandidat, der kam zur Stunde, und wir arbeiteten es durch und er fühlte sich wunderbar, ging nach Haus, und nach einer Stunde ruft die Frau an und sie sagt, er ist bereit, aus dem Fenster zu springen. Schicken ihn zurück. Nächsten Tag dasselbe. Immer wunderbare Aufhellung in der Stunde, geht nach Hause und bumms... War mir zu bunt, und da habe ich das durchgearbeitet und gab ihm Magnesia carb., und damit haben wir auch die psychologische Behandlung aufhören können. Also damit will ich sagen, wenn in solchen Situationen, wo der Suizid aus einer tatsächlichen organischen, in diesem Sinne klinischen, Psychose entspringt, da können Sie sich auf das Medikament verlassen, wenn es richtig ist. Wenn das nicht der Fall ist, wenn, so sicher Sie sein mögen, das Simillimum zu haben, das Mittel nicht genügend einschlägt, müssen Sie sich nach einem anderen umschauen.

Noch was zur Süchtigkeit. Akupunktur ist sehr oft hilfreich da. Das wird sogar offiziell angewandt.

Ich habe noch eine Frage zu dem Suizidfall. Wie sieht es denn aus mit einer aktiven Sterbehilfe bei völlig aussichtslosen kranken Patienten ?

Wenn Sie Ihrer Situation sicher sind, geben Sie das Simillimum in Hochpotenz. Vor allem Phosphor, Carbo vegetabilis, Lachesis, Arsenikum. Sie können sich darauf verlassen. Nicht wahr, das werde ich dann morgen besprechen. Das ist die Situation, wo die Heilung in den Tod geht. Also in erster Linie gewöhnlich ist es Phosphor.

Können Sie nochmal zu dem Verhältnis kommen von Psychotherapie und Homöopathie? Also das ist mir nicht so ganz klar. Ich bin nicht in der glücklichen Lage wie Sie, es in Personalunion in mir zu vereinen, sondern ich versuch so ein bißchen Homöopathie immer mehr zu machen, und bei mir ist oft die Schwierigkeit, daß einfach diese Sachen wirken, wo ich auch meine, daß das ganz gut wäre. Und dann, es ist ja oft auch bei organischen chronischen Leiden – kommt man ja immer, wenn man die Anamnese richtig macht, auf sehr viele psychische Hintergründe. Und da bin ich mir immer nicht ganz sicher, ja stimmt mein Mittel noch nicht, oder geht's überhaupt nicht mit Homöopathie und hin und her. Sie haben doch heute in der Früh, glaube ich, mal so einen Satz gesagt, es gibt Zustände, wo Sie so erkennen, daß die Homöopathie gar nicht geht, bzw. wie weit macht's die Homöopathie so nach Ihrer Erfahrung oder wieviel braucht es da psychotherapeutisch, das ist ja auch noch die Frage. Soll ich zu den Arzneimitteln noch einen Psychotherapeuten dazubitten oder einschalten. Also dieses Verhältnis ist mir nicht ganz klar?

Mir ist nicht ganz klar, was Ihnen nicht ganz klar ist.

Es ist mir auch nicht ganz klar, was mir nicht ganz klar ist, ich fühl mich nur unsicher.

Natürlich, das kann ich Ihnen nachfühlen.

Ich fühl mich nur unsicher in diesem Zwischenbereich mit Homöopathie und Psychotherapie. Was kann die Homöopathie machen, soll man oder ist es richtig, dann wenn man merkt, daß viele psychische Indikationen da sind, einen Psychotherapeuten dazuzunehmen, oder wenn ein homöopathisches Mittel nicht anspricht, kann ich denn da auch der Psyche die Schuld geben und nicht mir?

Also ich kann Ihnen da nur sagen, mit Ihrer Frage sind Sie in guter Gesellschaft. Nicht wahr, Hahnemann wies ja schon darauf hin, daß es Hindernisse zur Heilung gibt. Und sicherlich ist das dominante Bestehen des psychologischen Problems eines dieser Hindernisse. Aber es gibt ja keine Regel, nach der man von vorneherein sagen kann, welches Hindernis besteht und wo das Hindernis der Heilung im gegebenen Falle sitzt. Und vor allem kann man auch niemals vorher wissen, ob das Hindernis zur Heilung dort ist oder da ist. Es kann ja auch sein, daß man das Simillimum nicht hat. Außerdem die Zahl, das ist überhaupt eine schwere Sache, wir haben, sagen wir, 70-80 Polychreste, die gut durchgeprüft sind. Aber es besteht ja keine Verpflichtung von Seiten des Patienten, immer auf

Polychreste zu laufen. Mindestens, meiner Erfahrung nach, 15-20% aller Fälle verlangen ein Mittel, das nicht oder nur sehr schlecht geprüft ist. Ja schön, was machen wir dann? Das kann passieren, daß das Hindernis der Heilung einfach daran liegt, daß das Mittel nicht zur Verfügung steht. Aber von vorneherein kann Ihnen das niemand sagen. Nicht wahr, es kann sein, daß das Hindernis ..., bittschön ein Fall: Da habe ich mal einen Schiffskapitän gehabt, der mußte, glaube ich, alle 10 Minuten auf Toilette gehen zum Urinieren. Also da weiß ich, der hat Diabetes, Diabetes insipidus oder weiß Gott was, kein Mittel hat genutzt. Bis ich herausgefunden habe, daß er 20 Tassen Tee am Tag trinkt, um wach zu bleiben. Na schön, da kann ich verschreiben bis in die blaue Unendlichkeit. Erzählt hat er es mir nicht. Seine Frau hat's zufällig nebenbei erwähnt einmal. Da haben Sie ein Hindernis der Heilung, und da hätte ich ihn auch zu 6 Psychotherapeuten schicken können. Also, die Detektivarbeit bleibt uns nicht erspart, und morgen werde ich darüber sprechen, über die Grenzen und die Heilmöglichkeit überhaupt, da gilt die Regel, jede Krankheit ist heilbar, aber nicht jeder Patient. Das muß unterschieden werden. Und welcher Patient warum heilbar oder nicht heilbar ist, ja, bittschön, da können Sie den Nobelpreis kriegen, wenn Sie darauf eine generelle Antwort finden.

Ja, aber wir haben ungefähr 3000 Mittel, und ich glaub, 10% davon kenne ich vielleicht. Also müßten die anderen 2700 auch Schuld haben, daß ich die nicht kenne, daß ich nicht heilen kann.

Richtig, richtig, aber was würde das sagen, daß vieles nicht geheilt werden soll oder darf noch, nicht wahr.

Sie kommt ja extra zu dir, weil sie die anderen noch nicht kennt.

Ja, schön, und da muß ich auch sagen, das entbindet Sie aber wiederum nicht von der Verpflichtung. Aber sehen Sie, ich geb Ihnen da ein Beispiel mal, da hatte ich, sehr interessant, auch ein bißchen ein tragischer Fall, das war eine junge Frau, und deren 7jähriges Kind hatte eine Münze verschluckt und wurde ins Spital gebracht und ist an der Anästhesie gestorben. Die Mutter kriegt einen Schock und entwickelt eine Paralyse der unteren Extremitäten. Spastische, ungeheuer schmerzhafte Paralyse. Neurologisch untersucht, nichts gefunden, neurologisch behandelt – was heißt »behandelt«, was behandelt man schon neurologisch, nicht wahr – nichts. Ich konnte auch nichts tun, was ich gab, hat auch nichts genutzt. Also hysterische Lähmung. Nach 6 Wochen dieses Hin und Hers setzte ich mich dahinter und versuchte eine ganz außergewöhnliche Methode, wiederum mit der Radiästhesie. Und kam heraus mit Latrodectus mactans: innerhalb von 24 Stunden Heilung. Latrodectus mactans hat überhaupt kein Prüfungsbild. Da wissen wir nur die toxikologischen Symptome. Das einzige, was ich zur Verfügung hatte, war ein alter, uralter Homöopath im Mittelwesten, der hatte ein System aufgestellt mit der Radiästhesie, wo er Nummerncodes für jedes Medikament gegeben hat, die man mit seiner Methode ermitteln konnte, man hat da ein »dial setting«. Das habe ich damals probiert, da kam die Nummer heraus. Das ist wie ein Glücksspiel, wie ein Lottospiel, kann man sagen.

In der Auswahl der Mittel, das ist ja beim Pendeln genau das gleiche, wenn ich das Mittel zu haben glaube und will es auspendeln, aber das elfte Mittel ist es und ich hab nur zehn da stehen, dann finde ich das Simillimum nicht.

Na ja, aber in diesem Fall hatte ich das gar nicht. Ich hatte niemals an Latrodectus mactans gedacht, und ich war nicht einmal mit dem toxikologischen Bild vertraut. Erst als das herauskam, habe ich nachgelesen. Und im toxikologischen Bild ist die Paralyse gar nicht erwähnt. Aber immerhin, auf diesem durchaus unorthodoxen Weg kam das heraus. Oder ein anderer Fall. Das war ein Patient mit chronischer Nierensteinbildung. Da saß ihm ein Stein im Penis fest und war ungeheuer schmerzhaft. Da kam heraus: Solidago virgaurea. Eine 10000ste Potenz davon hat den Stein geboren. Der Stein war so groß und bleistiftdick. Geben Sie mir ein Prüfungsbild von Solidago virgaurea, oder sagen Sie mir, wo es ist. Also es laufen Fälle heraus, die Mittel brauchen, von denen wir einfach nichts wissen. Das heißt natürlich mehr prüfen, aber wenn Sie das tun, dann haben wir auch viel mehr Komplikationen, weil ein Mittel so aussieht wie das andere. Zum Beispiel, Sie haben das Einfachste, Sie haben eine beginnende Influenza. Es ist Fieber da, der Kranke liegt im Bett, schläft, und hat Kopfweh und ist nicht zu sehr durstig. Also was fehlt da? Ist es Belladonna oder ist es Gelsemium? Können's nicht unterscheiden. Also da muß man wieder auf diese Spezialdiagnose. Und überhaupt, es kann weder das eine sein noch das andere, sondern Influenzin. Von Influenzin haben wir überhaupt kein Prüfungsbild. Aber Influenzin ist eins der häufigst indizierten akuten Mittel und chronischen Mittel. Also es bleibt noch sehr viel zu wünschen übrig im Armamentarium, das uns zur Verfügung steht.

Sonntag vormittag

Heilung

Aber leider ist, was wir heute vormittag haben, für mich das Schwierigste, nämlich da ist wirklich das Mysterium da, und ich verstehe es auch noch nicht ganz. Nämlich das Heilen, was heilt? Da haben wir »similia similibus curentur«, das hat Hahnemann gesagt, das heißt ja, es soll oder sollte durch das Ähnliche geheilt werden. Er hat nicht gesagt »wird geheilt«, sondern »sollte geheilt werden«. Warum? Nicht wahr, damit hat er eigentlich gemeint, das ist die optimale Methode. Aber warum ist sie das? Da liegt nun der Zentralpunkt der ganzen Geschichte. Also ich glaube, die landläufige Theorie ist, das sei sowas wie eine Immunisierung. Schön, aber das stimmt ja nicht! Denn die Immunisierung heilt nicht, im besten Fall ist es also Prävention. Da haben wir nun, das bringt es vielleicht wirklich auf die Spitze, dieses schöne Experiment, das Hahnemann immer wieder vorgeschlagen hat und das so selten ausgeführt wurde, nämlich Verbrennung durch Hitze zu heilen. Und das ist wunderbar. Ich tue es immer. Also, wenn ich mich verbrannt habe, laufe ich gleich zu einer Flamme, Kerze oder so und steck es rein. So heiß wie möglich, wie man vertragen kann, und es geht weg, keine Blase. Also zum Teufel hinein, was ist das? Wie funktioniert das? Das ist auch übrigens eine Sache, womit Sie dem Zweifler immer wieder das Ähnlichkeitsgesetz demonstrieren können. Wenn er den Mut hat. Hahnemann hat ja das als Herausforderung gegeben, es wurde aber nicht angenommen, er hat ja vorgeschlagen, sie wollen sich beide verbrennen, und er wird's mit Hitze behandeln und der andere soll's mit Kälte behandeln und sehen, wer rascher heilt. Kam aber nie dazu. Soweit geht die Wissenschaft eben nicht. Schön, aber man kann doch nicht sagen, daß da Antikörper durch die Hitze innerhalb von einigen Sekunden geschaffen werden, die dann gegen die Verbrennung immunisieren. Das ist ja Blödsinn, das gibt's ja nicht. Andererseits kann man durch Meditation, durch meditative Vorbereitung, sich gegen Hitze, gegen Verbrennung schützen, um durchs Feuer zu laufen zum Beispiel. Jedenfalls kann man sagen, daß die Immunologie ein Teilaspekt der Homöopathie ist, anstatt umgekehrt. Und zwar ein ziemlich plumper Aspekt der Homöopathie. Aber es läßt immer noch die Frage offen, worauf beruht nun die Simileheilung, was ist das Wesen dieses Phänomens und wie allgemein ist es, und warum wird's daher empfohlen? Also, die letzte Frage versuche ich gleich zu beantworten. Das Simileprinzip ist ein absolut generelles, urtümliches Weltprinzip. Und zwar ein Prinzip und nicht ein Gesetz. Es ist einfach eine Tatsache, und scheinbar eine Tatsache so mysteriös wie die Tatsache, daß der Himmel blau ist, und als solche werden wir es wohl anerkennen müssen. Aber nun gehen wir mal darauf genauer ein. Was nämlich ist eigentlich Ähnlichkeit? Wovon reden wir da und was steckt hinter der Ähnlichkeit? Wir haben den Ähnlichkeitsbegriff zumal in der Mathematik, nicht wahr, fangen wir vielleicht damit an. Also zum Beispiel, da werden zwei Figuren als Ähnlichkeit angenommen und da haben Sie, was mathematisch z. B. zwei ähnliche Dreiecke sind. Die sind z. B. ähnlich weil sie gleiche Winkel haben, das eine ist bloß etwas kleiner als das andere. Das ist der streng mathematische Ähnlichkeitsbegriff, aber in Wirklichkeit ist er nicht ganz so, denn Dreiecke sind ja alle ähnlich, weil sie nämlich alle Dreiecke sind. Aber Dreiecke mit ungleichen Winkeln sind ja mehr voneinander verschieden als z. B. solche mit gleichen Winkeln. Also daraus können wir sagen, Ähnlichkeit – und das ist ja das Wesentliche – beruht darauf, daß mit aller oder trotz aller Unterschiedlichkeit der

Erscheinung in Zeit und Raum oder Benehmen oder irgend etwas doch wesentliche Wesenszüge, ich würde sagen essentielle Wesenszüge oder essentielle Eigenschaften, Qualitäten, Formmuster gemeinsam sind. Also, daß hinter der Verschiedenheit ein essentielles, wesentliches Gemeinsamkeitsprinzip besteht – es ist Isomorphismus. Es weist daher oft das Ähnliche auf einen gemeinsamen Urtypus oder Archetypus hin, oder man kann umgekehrt sagen, was immer Ausdruck eines gemeinsamen Archetypus ist, ist ähnlich. Wobei ich wieder erinnern muß, daß der Archetypus als solcher unerkennbar ist. Da liegt der Hund begraben. Also Ähnlichkeit weist auf gemeinsame Implikate (in Bohms Terminologie), Form oder kreativen Urtypus hin, ist also sinnbildlich. Sie bildet den gleichen Sinn ab. Also, Ähnlichkeit ist symbolisch, ist das Gleichnis des gemeinsamen, unanschaulichen Urgrundes. Also zum Beispiel, jetzt gehen wir weiter raus, wenn wir sagen, ein bestimmter Mensch ist ein löwenhafter Mensch, so meinen wir ja nicht, daß er vier Beine, vier Füße hat und mit einem Schwanz wedelt und jede Nacht brüllend Rinder umbringt, sondern wir meinen damit, daß er etwas möglicherweise ganz Undefinierbares hat, das ihm diesen löwenhaften Charakter gibt. Oder wenn wir sagen, der Löwe ist königlich, so sagen wir auch nicht, daß er auf einem Thron sitzt und Audienzen gibt, sondern daß etwas an ihm an das Königliche erinnert. Ja, was ist denn nun das Königliche? Das kann man ja auch nicht genau festlegen. Da haben Sie den Hinweis auf das Transzendentale in der Ähnlichkeit. In der Jungschen Terminologie nennen wir, wenn es definierbar ist, wovon wir sprechen, es allegorisch, wenn es undefinierbar ist, symbolisch. Nicht wahr, bei Jungs Definition ist das Symbol ja der bestmögliche Ausdruck für etwas Unerkennbares. Das ist wichtig. Wenn wir das haben – das ist der nächste Schritt – können wir verstehen, was hinter den teriomorphen Götterfiguren steht. Teriomorph, das sind Götter, die als Tiere abgebildet sind. Zum Beispiel die Löwen in Ägypten, Sekhmet, als Löwin oder Bast als Katze oder Zeus als Adler, Pallas Athene als Eule und natürlich auch die drei Evangelisten, Stier, Skorpion, Adler und ... natürlich, Markus der Löwe. Nun, damit ausgedrückt ist nun doch, daß gespürt wird, daß in dem Tiere Qualitäten in der reinsten Form ausgebildet sind, die im Menschen bloß vermischt sind. Also, daß sozusagen der Adler der reinstwürdigste Ausdruck des hineinschlagenden Sehens ist, nicht wahr, oder der Wolf der Begier, der zerstörenden Begier, oder der Bär der intensiv-kämpferischen Kraft. Das Tier in diesem Sinne ist Inkarnation des Göttlichen, des transzendentalen Prinzips. Daher wird dann durch die initiatorische Vereinigung mit dem Tiere der Person, die das tut, diese Kraft vermittelt. Da haben Sie den ganzen Werwolfkult, die Bärenhäuter, die Berserker, das waren Bärenkämpfer.

Fuchs als List.

Ja, selbstverständlich, der Fuchs als List. Und durch Verbindung nachher mit dem Tier, initiatorisch oder in Trance, Ekstase, Tierwerden, wird jetzt diese Kraft eingeführt, kanalisiert und heilt die Defizienz, nicht wahr, also der Feigling zum Beispiel kriegt Mut als Wolf oder Bär zum Beispiel.

Ein Beispiel: Vor drei Monaten war mein zweieinhalbjähriger Bube auf dem Spielplatz, die anderen Kinder haben ihn umgestoßen, er hatte Angst. Wir gingen in den Zoo, jetzt im Sommer, haben die Löwen bei der Fütterung gesehen, er brüllt einen Löwenschrei. Am nächsten Tag ist er auf den Spielplatz gegangen und macht zu den anderen Kindern: Bruaaaahh!

Genau, also wunderbar, da haben Sie die Initiation. Und das wirkt. Da haben Sie schon die erste Similiaverbindung. Ebenso wie Sie die reine Löwenkraft haben, können Sie sagen, Sie haben die reine Kraft des Stolzes zum Beispiel, die Staphisagria. Oder die reine Sonnenkraft im Golde, oder die reine Schalenbildung im Kalk. Nicht wahr, das sehen Sie, das ist so typisch, die Kalkpersönlichkeit hat immer Schwierigkeiten mit dem Wasserhaushalt, es zu halten. Kalkgebirge läßt das Wasser durch, die Muschel schützt sich gegen das Wasser. Da haben Sie das durchgehende Gestaltprinzip. Nicht wahr, das war nebenbei gesagt, die ursprüngliche Bedeutung der Reinheit, der rituellen Reinheit. Hat mit Sexualität nichts zu tun. Es heißt einfach völlige Ausrichtung auf das eine Prinzip. Das wurde dann verdreht in Keuschheit und all das Zeug. Es kann natürlich auch darauf zutreffen, wenn, um dieser Ausrichtung willen, das Sexuelle beiseite getan werden muß, aber das ist bloß ein Spezialfall. Genauso wie wir in der Chemie von einer reinen Substanz sprechen, das ist nichts anderes als diese. Daher natürlich auch wiederum all die Geistheilungen, Heilungen durch die Vision der Gottheit usw. Also kann man jetzt sagen, das initiatorische Ritual potenziert oder extrahiert die urbildliche transzendentale Kraft oder das urbildliche Wesen aus der explikaten Erscheinung heraus, potenziert durch das Opfer des Konkreten. Dadurch, daß man sich mit dem Bilde, aber nicht mit dem Körper des Löwen zum Beispiel vereinigt. Wohl mit dem Sinn des Löwen, aber nicht mit dem Körper.

Was ist das Opfer daran?

Das Aufgeben des Körperlichen. Oder Sie sehen es noch deutlicher, wenn wir jetzt mal auf das Psychologische übergehen. Hier liegt der Unterschied zum Beispiel, da ist mir die deutsche Terminologie nicht klar was wir im Englischen »acting out« = ausagieren und »enactment« nennen. Nicht wahr, Ausagieren heißt, daß, wenn Sie Wut haben, hauen Sie einfach dem anderen den Schädel ein. Das ist Ausagieren. Wenn Sie das symbolisch nun aber tun, dann hilft es Ihnen, die Wut zu beherrschen.

Wie meinen Sie das?

Wenn es zum Beispiel als Psychodrama geschieht.

Verinnerlichen, wollte ich sagen.

Es ist mehr als das, es wird auch veräußerlicht.

Ja, es gibt nur kein richtiges deutsches Wort dafür, fürchte ich.

Aha, also sagen wir psychodramatisieren. Also die Handlung symbolisch, aber nicht tatsächlich auszuführen, aber mehr noch, mit vollem Bewußtsein des Affektes. Wirklich in die Wut hineingehen, womöglich mit einem Partner, das bereinigt es. Was hier geschieht, verlangt, daß der Impuls zurückgehalten wird, beherrscht wird und doch ihm Raum gegeben wird, und das ist nicht leicht. Und das verlangt das Opfer der Genugtuung, dem wirklich den Schädel einzudreschen, denn da ist ein großes Vergnügen drin. Also haben wir, nun sehen Sie, analog dem Verluste oder der Zerstörung der Medizinalsubstanz – ist ja auch ein Opferungsritus in diesem Sinne – haben wir das gleiche auch im Psychologischen, in der symbolischen Handlung, die ja, wie Sie wissen, allem Ritus zugrundeliegt. Zum Beispiel im Messeritual wird der Gott nicht mehr umgebracht und gefressen, wie es in der ursprünglichen Form war, sondern es ist eine symbolische Handlung, die aber im Geistsinn und emotionellen Gehalt dem anderen gleichkommen sollte. Und wenn sie das nicht tut, wirkt sie nicht.

Also ist das so, daß in der Potenzierung die Materie geopfert wird.

In der Potenzierung wird die Materie bewußt und absichtlich geopfert. Und damit wird die Geistsubstanz, wenn man das so sagen kann, herausgeholt. Nicht wahr, und in dem Maße nun, wie das geschieht, in dem Maße, wie die Substanz geopfert wird, wird die Geistsubstanz intensiviert. Das heißt, eine 3. Potenz wirkt ein bißchen, aber eine 1000. Potenz, wo überhaupt nichts mehr da ist, wirkt intensiver.

Die Kreuzigung Christi ist ein Opfern...

Ja, absolut, das gehört in diesen Bereich.

In der katholischen Kirche das Abendmahl ist ja eigentlich ein Töten dann, ein immer wieder währendes Töten der Substanz und Vergeistigung.

Und symbolisch stimmt es. Wie sehr es wirksam ist, hängt aber nun von der Beziehung des Einzelnen dazu ab. Hier haben Sie, was ich gestern beschrieben habe, einen Kanal, eine morphische Resonanz, die eingearbeitet wurde durch die Jahrhunderte, und wer sich ihrer bedienen kann, also wer darauf eingestimmt ist, für den ist das wirksam, für den, der da nicht drauf eingestimmt ist, für den ist es nichts.

In der Mythologie und in der Bibel im Alten Testament ist ja das Ähnlichkeitsprinzip sehr oft...

Ja, da haben Sie ja die Erhöhung der Schlange, natürlich. Ebenso im Orientalischen, da wird ein persischer Königssohn durch einen weisen Hirten geheilt, der kleine Prinz ist taub, und er wird zu einem Teich geführt, an dem die Nachtigallen trinken und sich baden. Der Prinz kriegt seine Stimme wieder. Ja, in allen Geheimnissen ist das Ähnlichkeitsprinzip da, bloß in unserer fortschrittlichen Wissenschaft natürlich nicht.

Ja, und ein griechischer Held wird erst nach langem, langem Warten von seiner Wunde geheilt, mit dem Rost des Schwertes, das ihn verletzt hat.

Und zwar ist das der Spruch des delphischen Orakels: Der Verwunder wird heilen. Und Telephos, haben Sie sich das mal angeschaut, ist das weithin scheinende Licht. Also wie gesagt, das ist Geheimwissen – immer da, überall da.

Nun gut, aber jetzt gehen wir auf das Klinische mal weiter. Im klinischen Bereich nun Ähnlichkeit, zwischen wem und was? Müssen wir uns auch genauer ansehen. Was ist wem ähnlich? Und zwar scheint die Ähnlichkeit zu bestehen zwischen dem Miteinandersein von Störungsfaktor oder gestörter Funktion, oder Störungsfaktor und gestörter ursprünglicher Funktion und deren makrokosmischem Ausdruck. Nicht wahr, es ist also nicht einfach zwischen Krankheit und Medikament, oder genau gesagt, die Krankheit ist ja immer ein Ineinanderwirken von Störungsfaktor – dem Dämonen der Krankheit – und dessen äußerem Spiegelbild, und da müssen wir uns mal vorstellen, das ist nun die großartige Tatsache, daß für jede Störungsmöglichkeit, die es überhaupt gibt, in der äußeren Welt ein Analog ist. Das ist geradezu ein erschütternd majestätisches Bild. Also alles, was im Menschen nicht als Normalität, sondern als »Abnormalität« möglich ist, hat ein Abbild im Kosmos. Da haben Sie die obige Einheit, und da haben Sie auch die Tatsache wiederum, daß das Kranksein gegeben ist in der Welt und im Dasein. Da liegt wiederum die symbolische Bedeutung des »Falls der Menschheit«, der »Ursünde«, wenn man das als Sünde unbedingt ansehen muß. In diesem Jammertale ist eben das Kranksein daheim, da gehört's hin, von da ist es nicht wegzuwünschen. Nicht nur das, sondern man kann auch weitergehen: Jede Urform, jede Form und jedes Formprinzip, jeder Archetypus ist in der stofflichen Form unvollkommen oder krank, nicht wahr, wir haben ein Modell eines Quarzkristalls. Aber einen ideal perfekten Quarzkristall gibt's ja nicht. Man findet den idealen Quarzkristall nicht, da ist entweder da was los, oder da ist was los, oder da steht was schief, optimal gibt's nicht. Wir haben das Prinzip des Elterlichen: Vater und Mutter, wir haben die Archetypen und in unseren Vorstellungen, aber wo finden Sie denn solche großartigen Eltern? Irgendwo ist immer was schief da – muß eben so sein, sonst geht das Leben nicht im Gange. Also was immer an Urprinzipien da ist, ist in der Inkarnation immer krank, gestört, ohne Ausnahme. Daher wirkt es in der Grobsubstanz, in der realen Substanz immer toxisch. Das schließt unsere Eltern und unsere Liebhaber usw. mit ein. Nicht wahr, Paracelsus hat gesagt: Alle Natur ist wider den Menschen. Auch eine dieser großartigen Einsichten. Also in allem Gegebenen wiederum finden wir nun den Konflikt, das Störungselement, mit einbegriffen. Und darin nun liegt das Dramatische wiederum, nämlich die Gestaltungsaufgabe der Krise. Wenn aber nun, nicht wahr, diese äußere Form überwunden ist, wie zum Beispiel bei der Hochpotenz oder dem Symbol, dann haben wir diese Situation, dann haben wir

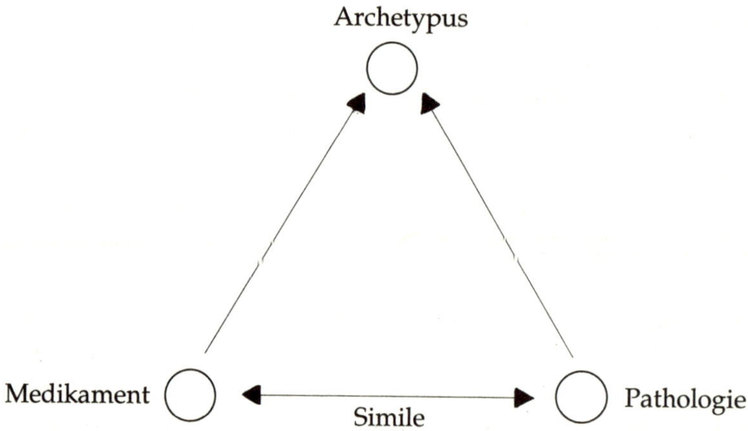

Mensch und Substanz hier, dann weist es hinauf zum essentiellen Urtypus, und in der Einverleibung scheinbar wird diese Verbindung geschaffen. Und jetzt wirkt das essentielle – in Abwesenheit eines besseren Wortes – »Geistprinzip« integrierend und in diesem Sinne normalisierend herunter. Es ist ja interessant, wenn Sie zum Beispiel Jod geben. Sie haben eine Thyreoidea-Störung und Jod ist indiziert. Man kann nicht sagen, daß es eine Defizienz behebt oder daß es umgekehrt einen zu hohen Jodgehalt wegnimmt, sondern wo immer es fehlt, dort wird es normalisiert, ganz gleich ob es ein Hyper... oder ein Hypo... ist. Mir sind Fälle von Hypothyreodismus bekannt, die auch Jod in Potenz brauchten. Und ebensogut das Umgekehrte. Als ob das Jod, die Jodpotenz, wüßte, wo und wie sie einzugreifen hat. Sie weiß es natürlich nicht, sondern das, was da einströmt, ist das was balanciert. Nun, das ist wieder genauso in der psychischen Ebene. Daher ist es so, ein bewußtes und – ich betone: bewußtes – sinnbildlich symbolisches Erleben, wiederum unter Opferung des Konkreten der Störungssituation, heilt und stärkt die Normalfunktion. Sie haben zum Beispiel das Wiedererleben von Kriegstraumen, das muß wiederholt, wiederholt, durchgegangen werden, mit all den Schrecken. Was ja am Wesentlichsten in der Psychotherapie ist, das Miteinanderspiel von Übertragung und Gegenübertragung. Da wird ja das ganze Kindheitsdrama wiedererlebt. Und wenn der »schlechte« Elternteil nicht auf den Analytiker projiziert wird und das nicht ausgefochten wird, dann geschieht einfach nichts, dann geht der Prozeß nicht vorwärts. Das heißt also ja auch nicht mehr, als daß der Therapeut – nicht leider, sondern glücklicherweise – auch seine Fehler hat. Und diese Fehler sind die Angelpunkte dann für die Projektionen des fehlerhaften Elternteils. Und damit ist nun die ganze kranke Kindheitssituation wieder heraufgebracht und kann jetzt durchgearbeitet werden durch Verbindung, durch die Anrufung des heilenden Archetypus, damit, daß zu gleicher Zeit der Therapeut auch auf die andere Seite eingestellt ist und daß dadurch, daß zum Beispiel Träume heraufgerufen werden, oder daß mit dieser ganzen unbewußten Dynamik umgegangen wird, die

Mächte nun herbeigerufen werden. Deshalb zum Beispiel – das ist eine Warnung – empfehle ich nicht, bei einer Gesellschaft oder in einem Café eines Freundes Träume zu besprechen. Mit einem Traum arbeitet es sich so, als wenn der Chirurg den Bauch aufschneidet. Die Geister werden gerufen, und es ist vorteilhaft, wenn Sie dann dableiben, wenn Sie mit ihnen umgehen, nicht nach Hause gehen. Das ist dasselbe auch mit diesen Wochenend-workshops usw. – ich betrachte das als unerfreuliche und manchmal ja recht gefährliche Sache. Wie gesagt, man ruft die Geister und dann überläßt man sie sich selber. Bewußt nun, warum? Weil Bewußtsein und Sinn fast identisch sind. Es genügt also nicht, daß es einfach wiederum passiert, das tut's ohnehin, damit wird's nur schlechter, sondern daß es passiert und man weiß auch, was passiert. Nämlich, was wiederum die essentielle Bedeutung dessen ist, was eben passiert. Das sehe ich als den Kernpunkt an. Ist das klar, oder ist dazu eine Frage?

Sie sagten, daß Bewußtsein und Sinn fast identisch seien, da kommt es mir jetzt auf das Wörtchen »fast« an.

Wissen Sie, also da muß ich ausweichen, denn es ist mir nicht bekannt, was Bewußtsein eigentlich ist. Ebenso weiß ich nicht, was Sinn ist, daher kann ich diese letzte Auskunft nicht geben, und muß dieses vorsichtige »fast« hineintun.

Weil, da ist ja auch das Mysterium des Christentums drin enthalten, die Erlösung des Menschen, in seinem Bewußtsein an den Sinn hinkommen.

Ja, natürlich, da fragt sich, Bewußtsein wessen? Aber da haben wir immer, was Jung nennt das Ignotum per Ignotius, das Unbekannte durch das noch Unbekanntere. Da bleibt uns bloß das Symbol übrig, nämlich das Hindeuten. Das was Heraclitus zum Beispiel vom delphischen Orakel gesagt hat: Der Gott von Delphi verheimlicht nicht, er sagt auch nicht, er deutet an. Und das ist leider nun mal eine Gewohnheit der Götter.

Noch was Wesentliches: Die Brücke hier zu diesem Hinweis, zu diesem schweigenden Hinweis ist das Bild, daher sprechen wir vom Sinnbild. Das ist wiederum ein Wort, was es im Englischen nicht gibt. Also ohne Bildimagination ist es schwer, und daher auch das Arzneimittel*bild*. Die Arznei ist nur im Bilde richtig zu erfassen, das wissen wir, memorieren, auswendig lernen können Sie ad infinitum und werden's dann doch wieder verfehlen, aber wenn man das Bild vor sich hat, dann fallen die Details hinein. Und scheinbar kommt es darauf an, daß das Bild gefunden wird. In dem Fall, den ich erzählt habe, damit, daß die Ärztin das Bild gefunden hat, geschah da irgendwas, ohne daß was gegeben werden mußte. Was ich nicht als Allgemeinpraxis empfehle.

Also die entmaterialisierte Feldform des Ähnlichen heilt das Ähnliche durch Anrufung, scheinbar, des Gottes oder des Reinprinzips, das nun eindringt und ordnet. Dann kann man auch verstehen, was zum Beispiel in der Akupunktur geschieht. Daß wiederum durch das Anrühren, das Hineinstechen in die Stauung ein Bewußtsein aufgerufen wird, das zum Prinzipe dieses Meridians gehört. Oder was mit all diesen bioenergetischen Muskelberührungen und der Muskelarbeit ist, da wird immer dann das gemeinsame Ähnliche aufgerufen, das hinaufragt und herunterbringt, um es im Bilde auszudrücken. Durch den Anschluß also an das Urbild wird Krise zur Neugestaltung, Konflikt ist überwunden. Das werden wir uns merken müssen für die Behandlung des menschlichen, persönlichen Konfliktes, durch den Anschluß an das Urbild wird Konflikt überwunden, oder, besser noch, überwachsen. Nun aber, oder noch weiter, das Störende, der störende Diabolos, der Störungsfaktor, der Störungsdämon wird integriert. Da möchte ich auch noch was sagen. Hahnemann hat sich ja dagegen gewehrt, daß Krankheiten Entitäten seien. Er hat recht damit, er hat unrecht damit. Er hat Recht damit, insofern als die allopathischen klinischen Entitäten Pneumonie, Mumps oder sowas, oder meinetwegen Cardiospasmus, keine Entitäten sind. Aber trotzdem sind die Feldstörungen, die einem Medikament entsprechen, damit ja schon als Entitäten definiert. Wenn es nicht so wäre, gäbe es ja das Phänomen des epidemischen Mittels nicht. Das zeigt ja klar an, daß die Krankheit wirklich ein Dämon ist, genauso wie es die Schamanen sagen. Daß, wenn das äußere Gegenbild, der reine archetypische Ausdruck dieses Dämons gefunden wird, er damit beschwört ist. Und mehr noch kann man sagen, daß das, was wir Bakterien usw. nennen, sozusagen die Boten oder die Mittel des Dämons sind, in denen er sich materialisiert. Wiederum Beispiel: Pettenkofers Experiment, nicht wahr, Sie wissen, der Mann hat ja nicht geglaubt, daß die Cholerabazille mit der Cholera was zu tun hat, und hat einfach eine Reinkultur von Cholerabazillen verschluckt, vorher noch seine Magensalzsäure neutralisiert und geschehn ist ihm nichts. Er hat eben in sich die Kraft gehabt, die Dämonen zu bekämpfen, den Dämonen zu widerstehen. Also wie gesagt, heute sind wir ja wissenschaftlich, wir kennen keine Dämonen, wir kennen nur Komplexe. Also bittschön, da haben wir den Komplex.

Nun, daher also: Wenn das Störende integriert, das heißt, mit dem Alten zu neuer Form vereinigt wird – daher ist das Vereinnehmen des Geisteszerstörenden, des Sinnzerstörenden heilend, im *Bereich des Möglichen* – jetzt kommen wir mal dazu, denn nicht alles ist möglich – daher wie gesagt, jede Krankheit ist heilbar, aber nicht jeder Patient. Ich habe zum Beispiel jetzt eine lymphatische Leukämie, das zehnte Jahr schon. Sie hat eine Lymphozytose von ungefähr 60-70tausend und läuft lustig herum und kriegt alle halbe Jahre eine

Dosis Natrium muriaticum, und das ist alles. Leukämie ist angeblich unheilbar, wie Sie wissen. Aber nicht jeder Patient ist heilbar. Sie können eine Leukämie heilen und an einer Migräne zuschanden werden. Niemand kann alle Schalen völlig leeren, kann alles integrieren. Und da kommen wir nun an eine wunderliche Geschichte die wir wahrscheinlich alle kennen, nämlich...

Ich komme mit der Begrifflichkeit nicht ganz durch, und zwar, Sie trennen einmal Krankheit, auf der anderen Seite bei Hahnemann und sonst in diese Richtung Gehenden sagt man nur, es gibt einen kranken Menschen, aber es gibt keine Krankheit an sich, und jetzt differenzieren Sie zum Beispiel zwischen einer Leukämie, die heilbar ist, und einem kranken Menschen, der nicht heilbar ist?

Womit wir es zu tun haben, klinisch ist immer beides. Wir haben es immer zu tun mit einem bestimmten Menschen, mit seinem konstitutionellen Sosein, seiner konstitutionellen Begrenzung und seiner Besessenheit durch den Komplex oder den Dämon, separat begegnen wir keinem jemals. Die kommen immer zusammen in die Sprechstunde. Und Hahnemann hat nun das betont und mit Recht betont, was für seine Zeit das Neue war, nämlich daß man nicht alle diese kleinen Entitäten mehr behandelt, sondern das Ganze, das war seine Betonung. Zwischen dem Dämon und dem Besessenen und der Besessenheit sozusagen hat er nicht unterschieden. Das war für ihn auch nicht nötig. Bis er auf das epidemische Mittel kam – ich hätte gern sein Gesicht gesehen, als ihm das passiert ist. Als er gemerkt hat, daß manche Epidemien bloß auf ein Mittel herauslaufen. Was hat er dazu gesagt? Da hat man ja schon nicht mehr mit dem individuellen Menschen zu tun, sondern mit der Krankheit zu tun.

Nein, nein, aber auch den Erreger. Er hat ja schon was postuliert.

Ja, damit haben wir schon ein Abweichen von diesem Ziel. Also man kann sagen, daß die ursprüngliche Formulierung »des Menschen« richtig ist, aber noch nicht genau genug. Des Menschen als Träger in seiner Auseinandersetzung mit dem Dämon, so müssen wir das formulieren. Das trifft ja auf jeden Menschen zu, jeder hat ja irgendwo seinen Teufel auf seinem Nacken sitzen, ohne das gibt's kein Menschsein. Also in diesem Sinne, kann man sagen, ist es mit inbegriffen.

Also jetzt kommen wir dazu, nicht Grenzen der Menschheit, sondern Grenzen des Heilers. Und da möchte ich Sie an ein Grimm-Märchen erinnern, was Sie wahrscheinlich kennen, das nennt sich Gevatter Tod. Das ist für mich das großartigste Bild für den Arzt. Also ich möchte es mal kurz wiederholen, nicht wahr, da ist der arme Mann, der schon 12 Kinder hat und keine Paten mehr findet, und für das nächste Kind geht er auf die Landstraße hinaus und trifft den Tod und bittet ihn, Patenschaft zu übernehmen; der Tod akzeptiert das, und als das Kind 18 Jahre alt ist, kommt der Tod und bringt sein Patengeschenk, nämlich das ist eine Pflanze, mit der er alle Krankheiten heilen kann. Aber, sagt er, du mußt immer schauen, wo ich stehe, ob ich am Kopfende oder am Fußende stehe. Stehe ich am Kopfende, magst du die Pflanze geben und es wird alles heil. Stehe ich am Fußende, rühr mich nicht an. Also wird er ein berühmter Arzt, und eines schönen Tages ist der König des Landes krank, und es ist versprochen, wer immer den König heilt, der kann die Königstochter haben, dann kommt er in den Saal und sieht sich um, und wo steht der Tod: Leider am Fußende. Nun ist er aber ein sehr raffinierter Kerl und läßt das Bett rasch umdrehen, und wubbs gibt er die Medizin und der König ist geheilt und er heiratet nun die Prinzessin. Nachher kommt der Tod zu ihm und sagt: Komm, mein lieber Freund, wir haben was zu bereden. Einmal hast du mich beschwindelt, na gut, weil du mein Patnkind bist, aber mach das nicht noch mal, dann geht es nicht so gut aus. Nein, nein, nein, natürlich nicht. Das Jahr geht um, und wer wird krank, die junge Dame, die geliebte Prinzessin. Und wieder steht der Tod am Fußende, und wieder tut er es. Also jetzt berichtet die Chronik nicht mehr, was mit der Prinzessin geschehen ist. Sondern der Tod sagt, komm mal, komm mal, Freund, jetzt komm mit, und führt ihn nun in das Innere eines Berges, in eine Höhle, wo tausende und abertausende Kerzen brennen, und sagt: Das sind die Lebenslichter, die großen Lichter brennen noch lange, die kleinen Lichter sind am Verlöschen, da sagt er: Zeig mir meins, da sagt der Tod: Da ist es, und zeigt ihm ein kleines Stümmelchen, das schon fast am Verlöschen ist, da sagt er: Bitte, bitte, gib mir doch ein neues, da sagt der Tod: Na schön, meinetwegen, nimmt eine große Kerze, und um sie anzuzünden, löscht er die alte aus. Nicht wahr, dieses Nachspiel ist fast noch das Wichtigere, nicht wahr, das wird zuweilen übersehen. Was sagt das nun? Erstens mal, das ist das Interessante: Tod ist der Heiler. Da haben Sie das Simileprinzip im Großartigsten. Also Heilung in das Neue geschieht durch den Tod des Alten. »Sag es keinem, nur dem Weisen, denn die Menge leicht verhöhnet, das Entstandene will ich preisen, das nach Flammentod sich sehnet«. Nicht wahr, Goethe wiederum. Und zwar Tod, metaphorisch oder konkret. Es kann beides sein. Nicht wahr, ein altes mittelalterliches Wort, das Christian Morgenstern übersetzt hat, ist ja: »Wer nicht stirbt, bevor er stirbt, der verdirbt, wenn er stirbt«. Also wir müssen Tod immer wieder erleiden, auch im Leben, um heil zu werden. Und das je nach Vitalität, Plastizität, geistiger oder körperlicher Vorgegebenheit und Möglichkeit. Daher die Euthanasie durch die Hochpotenz, wenn nämlich diese Plastizität nicht mehr da ist oder nicht genügend da ist, da heilt es in den Tod. Aber es ist eine Heilung. Das ist auch zu wissen. Da gebe ich Ihnen ein Beispiel, einen Traum, den Van Frantz berichtet hat, da kam ein Buch heraus, ich kann mich an den Titel nicht mehr genau erinnern, aber es handelt sich um gesammeltes Traummaterial, das vom Tode spricht. Und das ist der folgende Fall, das war eine Patientin mit inoperablem unheilbarem Krebs, die hatte 24 Stunden vor ihrem Tode den folgenden Traum: Sie stand vor ihrem Bette, im Spital, in einem sonnenlichtdurchströmten Zimmer, und der Doktor kam zu ihr und sagte, sie sei unerwarteter Weise völlig geheilt und könne sich ankleiden und das Spital verlassen. Und dann dreht sie sich um, und sieht im Bett ihren toten Körper. 24 Stunden danach starb sie. Also hier sagt es: Ist geheilt, Heilung, sonnenlichtdurchströmt. Ich selbst hatte eine Patientin, mit der ich analytisch auch bis 24 Stunden vor ihrem Tode arbeitete, um sie auf das Sterben vorzubereiten. Und ihr letzter Traum war, daß sie in kurzer Zeit sich bei einer Modenschau präsentieren müßte, und daß es wichtig wäre, daß sie nicht nervös sei. Modenschau, wo man das neue Kleid zeigt – und in der Kabbala ist ja das Bild, daß nach dem Tode Gott die Seele mit dem Kleid der Unsterblichkeit bekleidet. Das hat vorher die Patientin niemals gehört, wie ich selbst auch erst später auf dieses Bild gestoßen bin. Also eine Transformationsform.

Sehen Sie hier eine Parallelität zu der Erscheinung, die wir oft sehen bei Todkranken einige Tage oder einen Tag vor dem Exitus, ein Aufleben?

Genau, genau, ja, das ist die neue Einstellung schon. Nicht nur das, es ist bekannt, das ist das Warnungssymptom. Genau auf dieser Basis, würde ich sagen.

Nun Nummer 2, ob diese Wandlung nun am Kopfende geschieht, nämlich psychisch, oder am Erdenende, am Fußende, im konkret Irdischen, hängt davon ab, wo der Tod steht. Wie es konstelliert ist in der gegenwärtigen Situation. Entsprechend aber auch, ob der therapeutische Eingriff irdisch oder geistig oder beides sein muß. Das heißt, in jedem Fall soll der Arzt immer sehen, wo der Tod steht oder wie das Transformationsgewicht konstelliert ist. Und da, ich habe es schon erwähnt, scheint es zu sein, daß das, was noch nicht oder nicht mehr seelisch gewandelt werden kann, körperlich gewandelt und daher erlitten werden muß, und alle Wandlung ist ja ein Leiden oder Erstorbenwerden. Wiederum hier hat jeder seine Grenzen, die vorgegeben sind und nicht eine Frage des guten Willens sind und nicht eine Frage der Verschuldung sind. Wir haben dieses Übel ja auch in der Psychologie schon, daß, wenn jemand körperlich krank wird, er findet, daß er sich nicht anständig individuiert hat, oder nicht genügend psychologisch geschwitzt hat, oder vielleicht einen besseren Therapeuten haben sollte oder sowas, das spukt doch überall herum, das ist ein Unfug. Es gibt auch ein Nichtkönnen. Also in diesem Sinne ist jede Krankheit und daher auch jede Heilung biographisch zu sehen, was es im Gesamtdasein dieser Person bedeutet. Natürlich hängt's dann auch sehr davon ab, wie gut der Arzt sehen kann, wo der Tod steht, also wo die Neuerung hinweist. Im allgemeinen würde ich auch hier sagen, daß, was scheinbar sich in der Zeitdimension entwickelt, also chronisch ist, Kopfsache ist in diesem Symbole. Das heißt, es verlangt psychische Wandlungsarbeit, denn es ist ja ein Geschehen, das sich im lebendigen Leben abspielt und in seiner Persistenz immer an das Bewußtsein appelliert. Was akut ist, ist Ausdruck oder Resultat eines Wandlungsprozesses, der schon geschieht, und erfordert, zunächst mindestens, manchmal bloß ein verstehendes Annehmen. Aber beide natürlich bedürfen somatischer Hilfe, in dem Maße, wie es angezeigt ist. Aber das Schwergewicht der psychologischen Behandlung liegt auf der chronischen Erkrankung, wenn es möglich ist. Mit einer akuten Tonsillitis werden Sie nicht psychoanalysieren. Obwohl, ich hab so was gesehen. Kommt jemand, ja, ich habe einen Schnupfen gehabt, um Gotteswillen, was hab ich falsch gemacht gestern? Bittschön, es gibt's, aber na ja. Das Dritte nun, was aus dieser Geschichte hervorgeht, der Heiler muß auch seinen eigenen Anspruch opfern, der Heiler heilt nicht, der Tod heilt. Nämlich sacrum facere, heiligmachen, das heißt Opfer – ist Sacrificium. Das heißt, die professionelle Krankheit unseres Ärztetums ist ja Arroganz und Gottähnlichkeit und Ambition natürlich, die ärztliche Berufskrankheit. Die ist gefährlich, die führt dann zu solchen Situationen wie in der Geschichte, und das Bett umdrehen geht eben nicht immer, und man zerstört sich selber dabei. In Amerika zumindestens ist die Psychiatrie die Profession mit der größten Selbstmordrate, und die ärztliche Profession kommt gleich hinten nach damit. Also es ist ein Prozeß, der immer drei erfordert, die Mitarbeit von allen dreien. Arzt, Patient zusammenarbeitend in Kooperation mit dem Todesgott oder Wahrheitsgott.

Also, zusammenfassend zunächst mal, was haben wir bis jetzt herausgefunden? Das Lebendige ist Formexplikation in der Raum- und Zeitdimension, Wechsel, Wandelung, Tod, Zerstörung des Seienden, daher Konflikt zwischen Altem und Neuem. Festgefahrener Konflikt ist Krankheit. Das Reessentialisieren, wenn man dieses grauenhafte Wort prägen darf, des Konflikts ist Neubringen, Neubringendes, Erneuerndes, nicht wahr, eben dann wird das Störende zum Heil. Und die Integration des symbolischen Simile verbindet mit dem erneuernden Archetypus, mit dem Strom des Tao, und dann heilt es, heilt vorwärts, also in das Neue und *nicht* in den Status quo. Das gibt's nicht. Wie wenden sich nun diese Einsichten auf persönliche Konflikte an? Jetzt gehen wir in das rein persönlich Psychologische. Also erstmal hier, was ist Konflikt im Persönlichen? Wir haben die beste Definition, die ich kenne, im I-Ging, Nr. 6, Konflikt. Da sagt es: Du bist wahrhaftig und wirst gehemmt. Sorgliches Innehalten auf halbem Wege bringt Heilen. Zu Ende führen bringt Unheil. Das ist interessant – es sagt, der eigenen Wahrhaftigkeit folgen, der eigenen Integrität folgen bringt unweigerlich und ist Konflikt. Was mir dazu einfällt, ist eine Seitenbemerkung, die Jung mal gemacht hat: Gott ist alles, was unserem Ich widerstrebt. Also, aus unserer eigenen Wahrhaftigkeit ist Konflikt unvermeidlich, wenn wir keinen Konflikt haben, sind wir irgendwo nicht wahrhaftig. Und zwar ist es so als Folge der Andersheit im anderen, dem man begegnet. Also jede Begegnung enthält den Keim des Konfliktes. Es ist einmal der Witz gemacht worden – das ist kein Witz hier, ist eigentlich wahr – wenn uns jemals passieren sollte, daß die absolute Wahrheit entdeckt würde, offenbar würde, werden wir in kurzer Zeit zwei Fraktionen haben, die sich um deren Interpretation streiten. Es gibt in Amerika eine Stadt, wo zwei junge Psychoanalytiker sind, und dort ist ein Schisma. Das heißt aber nun, eine persönliche Beziehung, eine loyale Beziehung, ist eine Polarisation innerhalb etwas Gemeinsamem. Und ohne Gegensatz und ohne Konflikt ist sie langweilig und geht zum Teufel, früher oder später. Eine Ehe ohne Streit geht schief, verendet in gegenseitigem Ressentiment und Langeweile, wobei die Langeweile noch das Günstigere ist. Und zwar ist es immer der Konflikt der sich gegenseitig anziehenden Gegensätze. Ebenso wie man sich keinen Therapeuten aussucht, mit dem man nicht streiten kann, kann man niemals einen Partner, Ehepartner oder Beziehungspartner haben ohne Streitmöglichkeit. Und zwar kommen die Streittendenzen aus der gegenseitigen Projektion des noch nicht Erarbeiteten, und damit, und bloß mit dem Partner, der für solche Projektion geeignet ist, besteht eine Anziehung. Wo das nicht der Fall ist, geht man einfach aneinander vorbei, daher ist ja dieser romantische Traum der Liebe ohne Ende, wo alles wunderbar rosig sein wird, das Allergefährlichste, und darum gehen ja so viele Ehen, die in den Schuljahren mit 18, 19 Jahren geschlossen werden, schief, weil diese Erwartung besteht, und wenn das zum ersten Mal hochkommt, dann ist alle Hölle los, dann kann man es nicht bewältigen, weil es unerwartet war. Also, das Gemeinsame besteht daher auch aus dem Negativen jedes der beiden Partner, das gegenseitig projiziert wird. Also, das heißt nun, die Opponenten brauchen sich nicht bloß, sie haben auch das, was sie aneinander bekämpfen, gemeinsam, und das ist wichtig, immer zu wissen. Was immer man dem anderen vorwirft, ist das Eigene. Das heißt nun aber auch, als Störungsmomente, gegenseitige Störungsmomente, sind sie auch gegenseitige Medizin. Wenn nämlich das Potenzierungsopfer stattfinden kann. Also wenn man in dem anderen das Simillimum erkennen kann und es sich symbolisch einverleiben kann. Dann ist jede Beziehung und jeder Konflikt ein Feldorganismus, positiv oder negativ, als Aspekt des Lebensspiels; unentbehrlich für Entwicklung und Wachstum. Nun ist das eine Dynamik, die ganz fundamental und tief sitzt.

Das ist zum Beispiel in Grofs Arbeit mit LSD herausgekommen, daß die Austreibungsphase des Geburtsaktes immer als Konflikt, Konflagration, Blutbad, vulkanischer Ausbruch und Katastrophe erlebt wird. Also, Geburt und Konflikt sind psychisch identisch, und in geradezu unheimlicher Weise ist das auch ein Wissen, das in der Sprache verankert ist. Zum Beispiel, das Codeword der Japaner für Pearl Harbor war: Geburt eines Kindes. Das war der secret code. Das Codeword für die erste atomare Explosion in Hiroshima war: Ein Kind wurde geboren. Die Bombe von Hiroshima hatte die Aufschrift: Little Boy, kleiner Junge. Und die Flugmaschine, die diese Bombe abwarf, war nach des Piloten Mutter genannt. Da haben Sie's. Auf der anderen Seite, was es besagt, ist, daß Konflikt eben den Drang nach Neugeburt ausdrückt.

Das ist jetzt für das Kind, und wie ist das für die Mutter eigentlich, die Gebärende?

Ja, diese Luftmaschine hat ja die Bombe geboren.

Nein, ich meine jetzt bei der menschlichen Geburt. Die Geburt ist immer ein Akt, ein Blutbad etc., sprechen Sie da für das Kind?

Ja, für das Kind.

Ja, aber die Mutter, welche Rolle spielt sie in dem Lebensspiel?

Das Ermöglichende. Nicht wahr, die Matrix. Matrix ist ja das Mütterliche. Das, was sich dem offen anheim gibt. Das Weibliche ist das, was sich nach Innen zwischen Innen und Außen öffnet. Das Phallische geht einfach drauflos, das Yonische öffnet sich und ermöglicht. Nicht wahr, denn die Mutter treibt ja nicht aus, sie wird getrieben. Sie produziert ja keine Geburtswehen dabei. Das ist so eine männliche Vorstellung. Das heißt aber nun auch, wenn also die Geburt verhindert wird oder sich verzögert, haben wir Krankheit. Auch in der Beziehung, dann kommt diese dicke Luft. Daher, wenn nun in einer Beziehung man unruhig oder streitsüchtig oder zornig wird, ist es ein Hinweis auf eine Geburtswehe, daß etwas neugestaltet werden will oder muß in der Ich-und-Du-Beziehung. Also was dann am Platz ist, ist nicht einfach, entweder loszuschlagen oder beiseitezuschieben, sondern zu fragen: Was ist los? Nach Innen zu fragen, nach Außen zu fragen. Aber solche Zornanfälle oder Wutanfälle oder Aufstände sollten immer sorglich beachtet werden, als Hinweis und Symptom. Genauso wie das Krankheitssymptom.

Nun wie ist es mit der Aggression im allgemeinen? Nicht wahr, Lorenz hat ja schon gesagt, daß es ein fundamentaler Instinkt ist, wir haben ja drei verschiedene Gehirnsysteme und im Hirnstamm sitzen nun alle tierischen Reflexe, Aggressionstrieb, der Territorialtrieb, der Sammel- und Ernährungstrieb, aber eben der Aggressionstrieb ist fundamental einer der wesentlichsten Lebensreflexe.

Nun, ich habe Ihnen ja schon erzählt von dem Streit der Eidechsen. Dies ist nun ja auch wiederum dann die Primitivform, in der der Aggressionsdrang sich immer ausdrücken will. Also es ist normal, daß auf der Impulsstufe es sich entladen will, und der Drang zum Losschlagen da ist; Losschlagen oder Loskratzen oder wie auch immer. Ich erinnere mich aus meinen Jugendtagen, da gab es in Österreich einen Schnaderhüpferl, der ging so: »Wenn man a mal raffert, werden die Messer aus der Scheiden, einigestissen, umgedraat, jeh, des ist a Freud.« Das Wesentliche ist das »jeh, des ist a Freud«. Das ist Ecce homo. Das ist der eingeborene Sadismus, den niemand *nicht* hat. Aber dem entspricht auch und muß auch das Gegenstück entsprechen, nämlich der masochistische Trieb, dem zu unterliegen. Das will auch beachtet werden. Es ist auch »a Freud«, das zu erleiden. Das ist die ekstatische Hingabe dann. Und wenn das nicht beachtet wird, kommt es dann auf »accident proneness« heraus, daß man Situationen herbeiführt, wo das freiwillig unfreiwillig geschehen muß, wenn das nicht bewußt beachtet wird. Also in dieser primitiven Art führt es dann zur Niederlage als Dauer oder zu Revanchismus, wenn die Sinnfrage nicht aufkommt. Dann bleibt die Dynamik des Triebes eben der Primitivstufe verhaftet, und das ist dann einseitig und wird pathologisch, keine Neugeburt, sondern Krankheit oder Tod. Das heißt, die Beziehung geht zugrunde. Und wenn das geschieht, sind beide Teile immer daran beteiligt und verantwortlich auch, weil beide in diesem Informationsfeld enthalten sind. Andererseits aber, wenn ein Partner sich ändert, muß der andere auch mit; es geschieht was, die Beziehung wird unhaltbar, wenn der andere nicht auch sich ändert. Das ist die Frage, die einem ja oft in der Therapie begegnet, in einer Ehekrise. Wenn ich nun analytisch arbeite, was wird aus der Ehe werden? Die Antwort, die ich immer darauf geben kann: Sie wird entweder besser oder schlechter werden. Aber es bleibt niemals, wie es ist. Es zwingt den anderen dann, auch zu wachsen oder wegzugehen. Also die therapeutische Arbeit kann zur Scheidung führen oder zu einer glücklichen Ehe, und voraus kann man das nie wissen. Aber immer sind beide davon betroffen, das muß gewußt werden. Auch hier haben wir nun denselben Rhythmus der Fixierung des Trägheitsinstinkts und der Notwendigkeit der Inkarnation als erneuerndes Prinzip. Und das läuft nun immer gegen dieses Ich-Trägheitsprinzip an. Nämlich das Ich-Bewußtsein heißt erstens einmal: Ich bin. Um zu fühlen, um zu leben, daß ich bin, muß ich Anerkennung und Applaus haben. Und muß ein Gefühl haben, in der hierarchischen Hackordnung oben zu stehen. Das heißt aber nun, das muß in irgendeiner Form für das Kind ein Erleben sein. Wenn wie gewöhnlich das geschieht, daß das Kind sich erniedrigt fühlt: »Ach, so ein liebes Dummchen, ach nein, war das nicht so süß, wie er das sagt!« – nicht ernst genommen zu werden, so ist das schon traumatisch. Und ruft dann dieses Geltungsbedürfnis hervor, das den Wunsch hat, den anderen dann herunterzutun. Da haben wir dieses Radfahrerprinzip, nach unten treten, nach oben sich beugen. Das heißt also, jetzt ist der Drang da, andere herabzusetzen, die natürlich dann das Kompliment zurückgeben, und dann haben wir wieder einen schönen Anfang. Das ist in jeder Beziehung vorhanden und will beachtet werden, wer das letzte Wort hat, haben *muß*.

Zweite Ich-Funktion ist: Ich kann. Also ich kann, ich werde es dir schon zeigen. Ich bin stärker als du. Da gab es mal einen amerikanischen Schlager: everything you can do, I can do better. Das ist leider auch eine Beziehungswahrheit und Konfliktstoff. Das heißt nun, man braucht einen Feind. Denn wenn ich keinen Feind habe, kann ich niemanden besiegen. Und wenn ich niemanden besiege, dann kann ich mir nicht beweisen, daß ich kann. Also das hat damit zu tun, wenn in der Kindheit die Balance zwischen Ermöglichen und Frustrieren nicht ausbalanciert ist. Also wenn zu viel oder zu wenig Hemmung in das Kind gesetzt ist. Aber wer will sagen, was zu viel und was zu wenig ist? Also haben wir es wieder mit einer Unvermeidlichkeit zu tun. Das Dritte natürlich ist dann: Ich habe. Besitz, Territorialanspruch. Und vor allem habe ich recht. Und dieses Rechthabenmüssen ist leider oft viel bedeutender und wichtiger, als die Beziehung aufrechtzuerhalten. Also da haben wir als die Unvermeidlichkeit dieses dreimal Ich, Ich, Ich in jeder Beziehungssituation. Und auch das Ich-Paradox, würde ich sagen, nämlich, daß das Ich auf der Illusion besteht, separat und unabhängig zu sein, und dabei auf den anderen immer wieder angewiesen ist – den anderen braucht und den anderen loswerden will – so daß es, wie immer es geht, falsch ist. »Ich wünschte du wärst 1000 Meilen weg, aber bitteschön, laß mich nicht alleine«. Und vor allem auch, man sehnt sich nach Nähe und fürchtet sie, man will lieben und geliebt werden und den anderen bekämpfen. Man haßt es, die Abhängigkeit einzugestehen. Abhängigkeit ist ja ein Schimpfwort geradezu, jeder sollte ja unabhängig sein. Nicht wahr, man will Dauer und fürchtet Wandel, Wechsel und Abwechslung und sehnt sich nach beidem. Also fortwährend in jeder Beziehung Aggression, das Streben nach Dominanz und der Wunsch nach Auflösung und Hingabe. Mit anderen Worten, in jeder Beziehung hat man mit Sadomasochismus zu rechnen, unvermeidlich. Weiter ist in jeder Beziehung die Tendenz zur Projektion und nicht nur zur Projektion, sondern zur Induktion auch da. Nicht wahr, das ist ja die heikelste aller Arten. Es ist ja nicht nur, daß man seine unbewußten negativen oder negativ genannten – sie sind ja nicht immer wirklich negativ – Seiten dem anderen anprojiziert, man löst sie auch im anderen aus.

Ja, das Positive doch auch!

Das Positive auch, in dem Maße, wie es unterdrückt wird, auch. Aber in diesem Falle, sehen Sie, wird das Positive dann, weil es im Eigenen nicht angenommen ist, auch im anderen nicht angenommen. Also, wie immer geht's schief aus. Und da ist ein richtiger circulus vitiosus. Nämlich man kann sagen, ja also schön, das bilde ich mir bloß ein, das bin ich ja selber, aber das ist es ja wirklich und da ist es auch, und je mehr ich es in mir nicht annehme, desto mehr ist es dort da. So daß manchmal, das können Sie ja sehen, die Partner in der gegenseitigen Beziehung ganz andere Menschen sind, als wie man sie privat kennt. Daß oft infolge dieser Unterdrückungstendenz wirklich die Beziehung das Schlimmste in beiden Partnern hervorbringt – notwendigerweise hervorbringen *muß* – um der Wandlung willen. Natürlich ist das auch ein Problem, das wir in der Therapiestunde allzugut kennen, wir nennen's da »projective induction«, daß hier auch im Analytiker Tendenzen hochkommen durch den Patienten, die sonst gar nicht zum Vorschein kämen und die natürlich, solange sie nicht gesehen und angenommen werden, die Behandlung erschweren oder unmöglich machen. Darum hat Jung ja das Wort »psychische Infektion« geprägt. Man wird wirklich infiziert. Andererseits wieder, wenn Sie es umdrehen, deutet es daraufhin, wie sehr das, was wir Infektion nennen, ein Effekt eines psychischen Feldes ist, also eine Dämonie wiederum. Und wenn nun dieses ganze Geschehen dann, wie es gewöhnlich ist, rationalisiert wird, nicht wahr – das ist ja, weil, usw. – dann kommen wir zu Ideologien, politischen Bewegungen und der Sündenbockpsychologie, die eigentlich unser dominierendstes Kulturmerkmal ist. Alles würde wunderbar sein, die Welt ist gut und Gott ist gut und alles ist schön, wenn nicht irgendwo jemand etwas falsch gemacht hätte, und wer hat's falsch gemacht: Nicht ich – rat mal: Du. Das Resultat: Die Selbstgerechtigkeit und der Fanatismus. Und auf der anderen

Seite die masochistische Unterordnung unter den Führer. Und vor allem, das will auch gesagt werden, bis jetzt wurde alles dies auf Frauen und Kinder losgelassen. Ich glaube, es geht nicht zu weit, wenn man sagt, daß die katastrophale Kriegsneigung, die unsere Kultur noch besitzt, in hohem Maße mit der Erziehung von Kindern zu tun hat. In denen durch die Art, wie sie heute noch und vor allem in den Schulen aufgezogen werden, die zerstörendste Aggressivitätstendenz geradezu gezüchtet wird durch dieses rücksichtslose, erbarmungslose Erniedrigen und Unterdrücken. Wobei noch gesagt werden muß, daß unsere Art, Kinder zu behandeln, geradezu human ist noch, wenn Sie sie im Vergleich sehen zum Mittelalter und was in der Antike geschah. Kinder waren ja total expendabel. Kindermord zum Beispiel und Kindesmißhandlung war ja gang und gäbe. Vermeide das Prügeln und du verwöhnst das Kind, ist schon ein Ausdruck einer humanen Erwägung. Da gibt's zum Beispiel im 14. und 15. Jahrhundert, da wurden die Kinder als Spielbälle verwendet, die haben sie sich gegenseitig zugeschmissen wie einen Ball, und was dem Kind geschah, war ihnen gleichgültig. Einer der französischen Dauphins wurde fürs Leben verunstaltet, weil er mal an die Wand geschmissen wurde, irrtümlich bitteschön. Also das ist ein Faktor, da ist noch vieles, vieles einzusehen und zu beachten, was heute noch gar nicht beachtet wird. Und natürlich über die Behandlung von Frauen in der Geschichte ist es ja nicht notwendig, ein weiteres Wort zu verlieren. Daher nun auch dieser ungeheure Aggressionstrieb und die Aggression, die in den ersten Anfängen der Frauenbewegung hochkamen. Und da ist noch mehr, würde ich sagen, ich habe noch niemals mit einer Frau psychologisch gearbeitet, wo nicht auf den ersten Antupfer sofort eine ungeheure Verbitterung und unterdrückter Zorn hochkam. Das hat sich durch die Generationen, durch Jahrhunderte angesammelt, und heute fängt's an, sich zu öffnen, aber es ist noch da, und das muß eben auch jeder Ehemann wissen, daß er sich darauf einläßt und einlassen muß. Da sind wir nun die Sündenböcke für das, was andere Jahrhunderte verbrochen haben.

Schön, wie kann nun die Konflikterstarrungskrankheit geheilt werden? Wie ist nun das archetypische Implikat, die Essenz, der Gott, anzuvisieren in einer Konfliktsituation? Also die alte Methode kennen wir ja, die war nämlich, man zieht eben das Schwert und sieht, ob man den Anderen niederhauen kann, entweder physisch oder zumindest psychologisch. Die alte Weise ist als Konflikthandhabung Kampf auf Sieg. Oder die Verbündung, die gegenseitige Verbündung zum Kampf gegen den Dritten. Das ist ja hohe Politik noch. Oder das Gegenteil, die andere Seite, die noble, vornehme Absage an die Welt: Das Mönchstum. Die Welt ist mir zu schlimm, ich bin zu heilig, zu gut dafür, ich geh ins Kloster. Das ist ja heutzutage unmodern, das Kloster, da kommt einem eben der Schnaps und das Kokain zu Hilfe. Nun haben sie das nun im Mythos festgelegt und jetzt komme ich wieder auf die Ilias zurück, nicht wahr, da ist es ausgedrückt, da wird der Menis, der Mind, der Sinn des Achilles und des Agamemnon im Kampfe ausgeladen und wird, das ist ja auch interessant, dort als Ich-Ich-Ich-Narzißmus nicht erkannt. Der Gott hat seines gekriegt, jetzt gehen wir mal los und können uns tüchtig weiter prügeln. Und die Konfliktkrankheit bleibt in Permanenz. Nun sind da einige interessante Details. Die Chryseis – die Goldene – wird an den Sonnengott zurückgegeben, ganz informell, kein Ritual dabei. Sie kriegt einfach ihr Gepäck und wird abgeschickt. Aber er raubt sich die Briseis von Achilles. Also jetzt habe ich mal ins Wörterbuch geschaut und habe nachgeforscht, was heißt denn Briseis jetzt eigentlich? Briseis ist die »Mächtige« und

Briseis ist ein Beiname des Dionysus und Dionysus ist der dunkle Bruder des Apollo. Also was geschah da? Agamemnon eignet sich unrechtmäßig die Macht an, gibt scheinbar dem Gotte, was des Gottes ist, aber in Wirklichkeit holt er sich die Macht wieder, und da haben wir die ganze Religionskultur der nächsten 2000 Jahre. In Delphi war ja zum Beispiel die Geschichte, daß Apollo das Orakel gibt, aber es kommt vom Dionysus aus der dunklen Tiefe und dem Rausche der Pythia. Im Laufe der Zeit wurde dann Dionysus immer mehr abgeschoben, und Apollo nahm das ganze Privileg für sich in Anspruch. Also es handelt sich hier um eine Manipulation der Sonnenkraft, der Lebenskraft, und daher um eine Besessenheit von dem Dionysischen, das ist ein Merkmal unserer Zeit. Das Opfer aber ist verweigert. Was ist nun aber Opferdynamik? Was ist das Opfer, das vermieden wird? Das Sacrum Facere, die Zuwendung zur implikaten Ordnung. Ursprünglich ist jedes Opfer ein Selbstopfer, nämlich eine Auflösung des alten Adams. Um durch das transzendentale Implikate gewandelt zu werden, muß eben das gegebene Selbst aufgelöst werden. In den Mysterien nun aber, auch in der Opfertradition, wird nun aber das Simillimum angerufen, anstatt des konkreten Selbst wird ein symbolisches Selbstsubstitut dargebracht, eine Funktion, ein Attribut degenerierte immer mehr zum Substitut, zum Kriegsgefangenen, zum Sklaven, zum Tier. Aber die sind alle Symbolum des Eigenseins.

Alles das, was in der Ilias hier so angedeutet ist, findet sich in der germanischen Edda wieder. Und das hat mich eigentlich auf die Spur gebracht. Und zwar in der Prophetie der Völuspa, der Gulveig-Strophe. Das ist den meisten wahrscheinlich unbekannt. Und die Gulveig-Strophe hat nun den Germanisten eine Menge Rätsel aufgegeben. Und ich will Ihnen diese mal zeigen, dann kommen wir zum nächsten Schritt. Die ursprüngliche Übersetzung der Gulveig heißt Goldgier, da haben wir die Chryseis wieder, also das Ritual des Goldes. Aurum hat sie auch. Und die Gulveig-Strophe in der ursprünglichen Übersetzung lautet so: »Dies weiß sie als ersten Volkskrieg in der Welt, als Gulveig sich auf Speere stützte oder als sie Gulveig mit Speeren stießen und in der Halle Horst brannten. Die dreimal Geborene, oft, nicht selten, doch lebt sie noch.« Sehr rätselhafte Strophe. Nun gibt es eine andere Übersetzung aufgrund der weitschichtigen Wortbedeutung. Die ist so: »Dies weiß die Seherin als erste heilige Handlung aller in der Welt. Der Goldläuterungsritus, gegründet auf die aufrecht in sich Harrenden, die, in sich das dreifache Feuer brennend, Läuterung, Erleuchtung und heiligen Frieden verwirklichen. Dreimal sterbend, dreimal neugeboren, oft und nicht selten verrichteter Dienst, der auch heute noch lebt.« Das ist die Übersetzung derselben Strophe. So zweideutig ist sie. Oder so eindeutig, wie Sie wollen. Daß es nämlich entweder endlosen Krieg, endlose Vernichtung, Goldlust, Gier bedeutet oder Selbstläuterung, Goldläuterung, Neugeburt, immer auf ewiges, unsterbliches, immer wieder zu wiederholendes Ritual. Frage ist nun, wie ist nun dieses Goldläuterungsritual. Da kommen wir auf die Alchimie, nämlich damit haben sich die Alchimisten beschäftigt, und auf das, was Jung den Individuationsprozeß nennt. Nämlich Gold als das zentrale Lebensprinzip. Jetzt kommt die ganze alchimistische Geschichte. Dann machen wir Schluß. Dann können wir das Ganze abschließen.

Also, jetzt werde ich mich mit der Symbolik der alchimistischen Wandlung beschäftigen, wie sie auf der persönlichen Ebene sich abspielt. Die Alchimie hat eine sehr interessante symbolische Wandlung gegeben. Und zwar hat sie die Planetenreihe – in der Alchimie ist ja die astrologische Symbolik ganz dominant – etwas geändert. Erstens einmal ist der ganze Prozeß unter Merkur, Merkur ist der

Herrscher. Und dann geht es Saturn, Jupiter, Mond, Venus, Mars, Sonne. Merkur überschattet und beherrscht das Ganze, und so geht der Prozeß. Das ändert völlig die ursprüngliche Planetenordnung und ist daher sehr bedeutend. Worum es sich hier handelt, ist wiederum das Sacrum Facere des Lebenstriebes, des Sonnenhaften, des sonnenhaft saturnisch noch Enthaltenen, des Bleis, des dumpf Irdischen, in das klare Erscheinen des zentralen Prinzips. Erst müssen wir uns hier mit dem Merkur beschäftigen. Merkur bedeutet, und wenn ich jetzt davon spreche, spreche ich schon im Zusammenhang mit der persönlichen Beziehung – also dieses Opus, das Durcharbeiten jedes Beziehungskonflikts will mal zunächst durch Merkur gesehen werden: Nämlich verstehende Kommunikation, miteinander reden, und zu versuchen, den anderen zu verstehen. Ein bewußtes Bemühen in allen Phasen. Merkur ist ja aber nun andererseits auch der Schwindler und Schelm, der shape shifter, der sich ewig Wandelnde und immer in neuer Gestalt Aufkommende. Also das Bewußtsein dessen, daß man immer neue Seiten zu sehen kriegt vom anderen und von der Situation, und daß man niemals fertig wird mit dem Prozeß. Nicht wahr: »Gestern haben wir das alles durchgesprochen und heute kommst du mir wieder mit so einem dummen Zeug«. Und natürlich auch das Verstehen der negativen Einflüsse und Faktoren der folgenden Stufen. Und auch Achtung auf den Schwindler, der in uns allen sitzt, der sich immer herauszuargumentieren weiß. Also ohne das geht es überhaupt nicht. Das ist die Merkurstufe.

Nun fangen wir an mit Saturn. Saturn ist das Ewiggestrige. Die alte Position, die Begrenzung, die Scheuklappen, die man vor den Augen hat. Aber auch positiv die Grenzsetzung. Darüber gehen wir nicht heraus. Oder dies ist nicht erlaubt, z. B., daß man eine Information, die man vertraulich bekommt, gegen den anderen umdreht:

»Ja siehst du, du hast gestanden, daß du so ein Kerl bist. Also, was willst du denn noch von mir«. Was man im Englischen sagt: to hit below the belt. Negativ ist auch Saturn Furcht, die emotionelle Fixierung, Intoleranz, Überempfindlichkeit gegen Kritik. Alles das ist verstärkt, wenn im Kinde das Gefühl der warmen Geborgenheit gefehlt hat. Also auch ein immer zu Erwartendes und immer zu Berücksichtigendes, und vor allem auch, wenn das Kind vielen Schuld- und Beschämungsgefühlen ausgesetzt war. Saturn hat ja auch sehr mit dem »ich bin« zu tun, und zwar mit dem »ich bin« als starrer und unabänderlicher Insistenz. Was es erfordert dann in der Auseinandersetzung, ist gegenseitige Rücksichtnahme auf ebendies, vorsichtige Zurückhaltung, auch saturnisch; Grenzsetzung, das Innehalten auf halbem Wege, von dem der I-Ging spricht gleich am Anfang. Was heißt das übrigens praktisch? Das heißt, in der gegebenen Auseinandersetzung kann immer nur soviel gesagt und getan werden, man kann nicht versuchen, den ganzen Laden auf einmal loszuwerden. Der Versuch ist tödlich. Man muß immer darauf achten, wieviel der andere jetzt assimilieren kann. Vielleicht kann es morgen mehr sein, aber heute nur soviel. Eine sehr feine Empfindsamkeit ist da erforderlich. Übrigens auch für den Therapeuten. Und daher auch, was Heyer die Schaffung des ermöglichenden Raumes nannte. Also ein Setzen von Bedingungen und Grenzen, unter denen man sich auseinandersetzt, die es möglich machen, sich zu öffnen. Auf der Tierstufe entspricht dem die Inhibitionsphase, von der Lorenz spricht. Nicht wahr, das Losrennen und auf halbem Wege einhalten und dann abwenden, dann die Aggression woanders hinrichten.

Jupiter, die nächste Phase. Negativ gesehen, als Störungsfaktor in der Beziehung, ist Jupiter die Grandiosität oder die Grandiositätsnotwendigkeit und der machtgierige Besitztrieb, Exhibitionismus, das Auftrumpfen – im Englischen nennen wir das »to show off« – zeigen, wer ich bin. Und natürlich auch die territoriale Expansion. In der negativsten Form Neid und Habgier. Als Faktoren zu berücksichtigen und in Betracht zu ziehen. Wie weit tue ich es, wie weit tust du es. Wiederum verstärkt aufgrund der Unsicherheit über Selbstwertung und Platz in sozialer Ordnung als Kind. Und zu dem tragen ja unsere Lehrer ein Tüchtiges bei, mit der höhnischen Herabsetzung. Wenn man nicht genügend gewertet, zuviel kritisiert wird als Kind. Ich habe kürzlich eine Statistik gesehen, daß im allgemeinen die Selbstwertung – also ich kann Ihnen nicht genaue Zahlen angeben – beim Vorschulkleinkind im Durchschnitt bei 70% anfängt. Nach der Elementarschule ist sie auf 50% abgefallen und nach der Hochschule manchmal auf 30 und 20%. Das sind diese Resultate unserer Erziehung. Dann wundert man sich über das Auftrumpfen.

Das Militär.

Aber das Militär gibt es ja wenigstens zu. In der Schule ist es ja »wir wollen dir ja helfen«.

Also das erfordert nun in der Beziehungsausarbeitung Fairneß, das ist wiederum der positive Jupiter – nicht Foul zu spielen oder das gegenseitige Vertrauen zu mißbrauchen und ein zumindest minimales gegenseitiges Vertrauen aufbringen zu können. Aber Jupiter ist ja auch Expansion, nämlich die Möglichkeit, neue Gesichtspunkte zu riskieren. Das ist eines der schwierigsten Probleme, denn Beziehungen sind ja traditionell so eingefahren, daß man sich oft gar nicht vorstellen kann, daß man das ganz anders angehen könnte. Und vor allem: Respekt für die Position, die möglicherweise neuen Gesichtspunkte des anderen. Da gibt es im Japanischen, aus der Zen-Tradition heraus, das Kissenritual. Haben Sie davon gehört? Das ist etwas, was den Kindern schon beigebracht wird. Es wird ihnen ein Kissen gegeben, viereckig, und da gibt es eine sogenannte Ritualformel im Streit. Vielleicht habe ich recht, vielleicht hast du recht. So und so habe ich recht, so und so hast du recht. So und so haben wir beide recht und so und so haben wir beide unrecht. Das ist sozusagen ein Ritual. Das ist die Jupiterposition. Also sich von allen vier Seiten anschauen, wo hab ich recht, wo hast du recht, wo haben wir beide recht, was haben wir gemeinsam, wo sind wir beide auf dem falschen Wege. Das empfehle ich sehr für persönliche Konflikte und Meinungsverschiedenheiten. Wenn man imstande ist, daran zu denken.

Beide nun, Jupiter und Saturn, sind ein Formalisieren und entsprechende Ritualformung im Tier.

Nun der nächste, der Mond. Mond hat mit dem Kindsein zu tun, mit dem Traumleben und mit den Bedürftigkeitsansprüchen daher. Negativ ist das Infantilismus – das hast natürlich bloß du, nicht ich. Und vor allem auch unrealistische Erwartungen und Ansprüche. Der Wunsch, genährt zu werden vom anderen, vom anderen bemuttert zu werden – das ist nicht geschlechtsgebunden, auch in der Analyse nicht – und im anderen aufzugehen. Andererseits aber auch die Idee, was ich will; und was ich will, muß ich haben und kann ich haben, ohne Frage. Also aller Egoismus und unbefriedigter Narzißmus. Wiederum Material, das in jeder Beziehung unweigerlich aufkommt und immer zu suchen ist. Da ist noch ein anderer Haken. Wenn Sie das genauer anspüren, werden Sie finden, daß irgendwo ihr Bewußtsein auf irgendeiner Kindheitsstufe noch da ist, wo der andere als Erwachsener, man selber als Kind sich empfindet. Und daher vom anderen erschreckt wird, vorm anderen Angst hat, was dann immer zu einer Abwehr führt und zu einer Kampfposition, vor allem weil von der anderen Seite dasselbe vorliegt. Und dann also zwei Kinder sich gegenseitig als bedrohende Erwachsene bekämpfen. Es gibt kaum eine Situation, wenn Sie genau anspüren, wo man nicht irgendwo Angst vor dem anderen hat. Was noch ein Überbleibsel aus dieser alten Hilflosigkeit ist. Und das ist oft dann der Grund zu »du weißt nicht, was du mir antust«. Es muß aus dieser Ecke da hervorgeholt werden. Das ist dann zu wandeln in das, was wir das »mirroring«, das Spiegeln nennen, das Wiedergeben, dem anderen zurück, sozusagen widerspiegeln, wie er gesehen wird. Also auf die Empfindung des anderen zu achten, selber Gefäß zu werden für den anderen. Das aufnehmen, sich anpassen daran, das ist auch Mond, Luna. Und vor allem zu sehen wiederum, wie man selber an dem Konflikt des anderen teilhat. Da ist mir als Beispiel bekannt ein Traum, den mir ein Kollege erzählte. Der war in einer verfahrenen Situation, mit einer halbschizophrenen Mutter, die ihr Kind wirklich verwüstet hat. Und er konnte sich nicht helfen, er war wirklich wütend auf sie. Und die Situation war infolgedessen eingefahren, krank. Der hatte nun den Traum, daß ihm ein Becher gereicht wurde (das ist der Traum des Therapeuten), und dieser Becher war gefüllt mit Unrat, Schmutz, Dreck, Exkrementen. Dieser Becher wurde ihm überreicht als Kommunionskelch der Menschheit. Und er wurde aufgefordert, den Becher zu trinken. Nun, der Kommunionskelch ist ja mit dem Symbol des Blutes Christi gefüllt, sowohl in der Kommunion als auch im Gral. Also dieses erlösende Blut hier ist das Exkrement, das getrunken werden soll, sagt der Traum. Also der Traum sagt uns: Schau dir deine eigene Scheiße an. Glücklicherweise fand der Kollege den Traum recht erschütternd, das bewirkte eine völlige Umstellung, und vor allem, wie er sagte, jetzt konnte er sehen, womit wir es zu tun haben, ist das allgemeine Übel, das Böse als Weltprinzip und nicht als Verschuldung einer bestimmten Person. Wenn das angenommen werden kann, also wenn man das in sich selber sehen kann und sich selber die Absolution geben kann, dann wird der Weg frei. Dann erst kann man es im anderen annehmen. Und dann können die Brücken gebaut werden. Dann ist der Schritt zur Venus freigegeben. Das heißt nun, offen sein für Übertragung und Gegenübertragung und sich auch des hilflosen, zornigen, impotenten, lächerlichen herabgesetzten Kindes in sich selber anzunehmen. Wir sind so oft bereit, alles dem anderen zu verzeihen und uns selber gar nichts. Das hilft eben auch nicht. Die goldene Regel ist nun heutzutage nicht mehr eine Forderung, sondern eine Tatsache. Nicht: »Tue dem anderen, was dir selbst getan wird«, sondern: Wie wir uns selbst behandeln, so behandeln wir auch den anderen. Wie wir uns selbst lieben, so lieben wir auch den anderen. Und da hapert es recht tüchtig. Das ist die Mondphase. Und da kommt wiederum das ganze Problem der Projektion, der projektiven Induktion zurück und vor allem die Frage – immer wieder zu stellen – sich selber und dem anderen auch: Wie hast du denn das als Kind erlebt. Nämlich in welchem Maße ist die Situation, in der wir uns jetzt befinden, die jetzt schmerzt, eigentlich an Kindheitserinnerungen gebunden. Man braucht es gar nicht zu analysieren, es hilft schon, wenn es heraufkommt und gemeinsam sozusagen gehalten wird. Und Sie werden dann finden, daß bei sehr vielem, was da kommt, man sich sagt: Ja, ich auch. Oder: das bin ja ich selber, was da herauskommt.

Nun kommen wir zur Venus, nämlich jetzt kann man anfangen zu lieben. Venus ist Gefühl für sich selbst oder andere. Gewöhnlich ist es unzureichendes Gefühl. Negativ ist Venus Eitelkeit und vor allem Ästhetizismus, was die schlimmsten Grausamkeiten verbergen kann. Höflichkeit, hinter der man sich verbirgt. Alle die Personenprobleme. Insensibilität daher, Indifferenz, Härte oder Überempfindlichkeit unter dem Mantel des Formellen, Persönlichen, Schönen, Ästhetischen. Und daher auch defensive Reizbarkeit, überkritische Haltung – »ja, das ist ja nicht schön von dir«. Und die Flucht auch ins Künstlerische. Andererseits aber auch die Vernachlässigung des Künstlerischen. Vor allem wiederum in der Art, wie Kinder aufgezogen werden. Aber auch in unseren Krankenhäusern zum Beispiel, jedenfalls bei uns drüben in Amerika. Das Verkennen, wie sehr das Ästhetische auch ein Harmonisierendes und Heilendes ist. Es gibt Untersuchungen, die gezeigt haben, daß Patienten im Hospital, die zum Beispiel einen Baum durchs Fenster sehen können, rascher genesen als solche, die auf eine Wand blicken. Beachtet aber keiner. Das ist ebenso wichtig für Kinder. Und wo das wiederum fehlt, hapert es mit der Venus auch. Und auch in der Beziehung darauf zu achten, was die subtilen Balancen sind hier. Zu wandeln nun wieder und natürlich auch Spiel wiederum. Jetzt kommt die Spielphase herein. Wir haben alle diese vorhergehenden Phasen aufgefangen, was tun wir jetzt damit. Wie kann man das harmonisch umspielen oder damit leben? Nicht wahr, denn wir werden ja die Probleme nicht los, die wir da aufgeschleust haben. Jung ist ja mal so weit gegangen zu sagen, wenn es jemals scheinen sollte, daß ein Problem gelöst ist, dann ist sicher etwas falsch. Genauso wie ich einen klinischen Lehrer hatte, der sagte, wenn die Diagnose absolut klar ist und jedes Detail stimmt, dann ist es wahrscheinlich falsch. Also die Aufnahme des Gefühles jetzt von beiden Seiten, wie es sich nun stellt, nachdem man durch alles dieses Zeug durchgegangen ist. Aber auch in der Kommunikation ist jetzt das Wichtige, zu sagen, was man fühlt und nicht was man meint. Also das ist sehr wesentlich. Nicht »Du machst das ja falsch« oder »Du haßt mich ja«, sondern: Ich habe das Gefühl, es will mir scheinen, daß das falsch sei. Ich habe das Gefühl, gehaßt zu sein, ich bin verantwortlich dafür, nicht du. Wenn es als direktes Statement kommt: »Das ist so«, fühlt sich der andere immer angegriffen, kritisiert und wird in die Verteidigungsposition gehen. Wenn ich sagen kann, es erscheint *mir* so oder *ich empfinde es so*, dann kann der andere kommen und sich meiner annehmen. Kann sagen, ja wieso denn, warum denn. Und dann kann ich sagen, das habe ich ja gar nicht gemeint. Und das ist ein Punkt, an dem soviel immer schiefgeht. Und man vergißt das immer wieder zu tun. Oder zum Beispiel »ich fühle mich beleidigt« anstatt »du beleidigst mich«. Andererseits aber auch die Fragestellung, was ist denn in dir, was dich gehaßt fühlen oder beleidigt fühlen läßt. Also die Frage nach dem Gefühl des anderen. Oder »was stört dich in mir?«, was ist das, was dich verletzt in meiner Behandlungsweise? Anstatt zu sagen: »Ja, das tue ich ja gar nicht«. Also, worauf die Venus herausläuft, ist das Mitgefühl, durch Mitleid wissend zu sein. Das Aufnehmen und die Hingabemöglichkeit an das Wesen des anderen. Und das kann dann glücklich zur Erotisierung des Konfliktes führen, nämlich daß man es als Liebesspiel empfinden kann. Weil man dann weiß, jetzt streiten wir uns mal tüchtig und nachher – gehen wir ins Bett. Und viele Konflikte enden ja dann, wenn sie so behandelt werden, in einer intensivierten Gefühlsbeziehung zum anderen. Dann ist man durch das Reinigen durchgegangen. Das entspricht dann der Übergabe, Unterwerfungshaltung des Tieres, daß man die verwundbare Stelle offenhält – und das ist die ganze Venusphase, daß man sich gegenseitig seine verwundbaren Stellen zeigt.

Und jetzt kommt erstaunlicherweise der Mars. Jetzt kann die Aggression losgelassen werden. Nach allen diesen Vorbedingungen und unter all diesen Vorbedingungen. Nämlich jetzt kann ich bestehen darauf: Das muß ich haben. Oder: So bin ich und das kann ich nicht akzeptieren. Oder auch das: Darauf müssen wir hinarbeiten. Und Mars ist ja auch Aktivität. Also alles dies will nicht bloß gehört werden, sondern jetzt müssen wir daraus was machen. Was können wir damit anfangen? Hier haben wir Durchsetzungswillen, Entschlossenheit, zu haben, was man will, auch Feindseligkeit, Aggressivität, Wunsch, zu kontrollieren, das letzte Wort zu haben und zu siegen. Aber jetzt ist es möglich, daß beide siegen. Die Gefahr hier in der Marsphase ist, wenn man als Kind zuviel Frustration hatte, dann bricht das aus. Und auch der Zerstörungstrieb ist hier. Das heißt aber, jetzt kann mit diesem Zerstörungstrieb und dem ganzen Sadomasochismus gespielt werden. Man kann das nämlich auch ritualisieren. Und ein guter Platz dafür ist das sexuelle Zusammensein. Was da gespielt werden kann, wird symbolisch ausagiert und nicht nur gefahrlos, sondern auch hilfreich. Das will auch gesehen werden, daß ein Minimum von Sadomasochismus ein normaler Aspekt der menschlichen Sexualität ist und auch des Liebesspiels. Beißen, kratzen usw., also ich brauche das nicht alles aufzuzählen, ich überlasse das Ihrer Phantasie. Das kann alles nur angenommen werden und eingebaut werden, wenn die Vorbedingungen geschaffen sind. Also da kommen wir auch dann zum gemeinsamen Aufräumen des alten Drecks, zum aktiven Suchen nach neuen Formen, zu der Frage: Was ist von uns verlangt, worauf will unsere Beziehung heraus, worauf kommt es an. Abgesehen vom Sexuellen ist sehr oft ein psychodramatisches Ausagieren der Konfliktsituation, ein reines Psychodrama zwischen Partnern, hilfreich. Zum Beispiel als Kind habe ich niemals etwas sagen können, sondern meine Mutter hat mir immer den Mund verstopft. Spielen wir das mal durch. Also jetzt sei du das Kind und ich will die Mutter sein, die dir den Mund verstopft. Das wird bewußt durcherlebt, wird als Spiel erlebt. Und jetzt Rollentausch. Das ist unglaublich, wieviel Zwanghaftigkeit dieser Art und Streitsüchtigkeit das wegschafft. Denn erstens einmal wird jetzt die ganze Projektion wirklich bewußt durcherlebt. Denn da ich den anderen nun bewußt als Mutter anspreche, merke ich, wie ähnlich es dem ist, als ich den anderen unbewußt als Mutter angesprochen habe. Andererseits, wenn die Rollen gewechselt werden, kann ich nun mich verspüren als unterdrücktes Kind, wie der andere es erlebt. Mich in den anderen hinein spüren, aber das kann jetzt erst riskiert werden. Und das macht auch einen großen Unterschied. Dann weiß ich, was ich zu vermeiden habe. Aber wie gesagt, das kann jetzt erst riskiert werden. Und dann sind wir nun am sogenannten Ziele angelangt, dann ist die Sonne erreicht. Nämlich das Zentrale, der zentrale Lebenswille und Verantwortlichkeit gegenüber Ich, Du und Weltsein, im Einklang mit dem Tao. Dann kann man sehen, daß die Beziehung nicht nur in der Hölle, sondern auch im Himmel geschlossen ist. Nämlich, daß eigentlich rückblickend jeder Streit irgendwie eine Freude war, etwas gebracht hat. Und daß, je intensiver der Streit war – in dieser Art bewußt durchgeführt – desto größer die Heilung war. Da sind wir nun bei der Rücksicht auf das Simileprinzip angelangt. Wie sehr das symbolische Durcherleben des Störenden oder Zerstörenden uns zur Sonne geführt hat. Und in dem Maße, wie das erreicht ist, kann man erleben, daß die Beziehung eine gegenseitige Unterstützung und Ermächtigung bedeuten kann. Ich glaube, dann erst wird das, was als Liebe so sehr herumgewurschtelt wird, zur Realität, nämlich in der Fähigkeit, den anderen zu schätzen, dem anderen nahe sein zu wollen und ihn zu unterstützen, so wie er/sie ist und nicht, wie ich mir ihn oder sie wünsche. Die negative Seite dessen, wo ich immer wieder warnen muß, ist, eine Beziehung eingehen in der Hoffnung, daß man den anderen reformieren wird – das ist tödlich. Wenn es nicht möglich ist, mit dem anderen zu leben, so wie er/sie ist, nicht minimal möglich ist – gar nicht anrühren. Und aus diesem Grunde andererseits sind Eltern, Kinder und Partner die letzten, für die man

Therapeut sein kann oder von denen man erwarten kann und soll, daß sie sich ändern. Entweder so oder gar nicht. Aber dieser ganze Prozeß führt eben dann aus dem krankmachenden Sosein in das heilende Sosein heraus. Similia similibus curentur wiederum.

Abschließende Diskussion

Gibt es die Anwendung des Ähnlichkeitsgesetzes im psychotherapeutischen Bereich?

Selbstverständlich. Darüber haben wir gesprochen. Also ich möchte es noch einmal zusammenfassen. Die Ähnlichkeitstatsache im psychotherapeutischen Bereich ist, daß man die entsprechenden krankmachenden Bilder als Bilder anstatt als konkretes Geschehen wiedererlebt oder konfrontiert. Die Ähnlichkeit liegt darin, daß die gleichen Kraftlinien sozusagen durch die Geschehnisse sowie durch das wieder heraufgeholte Bild jener Geschehnisse laufen. Darin liegt die Ähnlichkeit. Entsprechend - vielleicht habe ich das nicht genügend deutlich gemacht - dem Unterschied und der Ähnlichkeit zwischen dem Brande, den ich mir durch die Berührung des siedenden Öls hervorgerufen habe und den ich jetzt wiederhole durch die Strahlung und nicht mehr Berührung, sagen wir, der Gasflamme, an die ich meine Finger halte. Darin liegt der Unterschied und die Ähnlichkeit. Freud hat sich zum Beispiel jahrelang mit der Frage auseinandergesetzt, ob alle diese Inzestgeschichten, die er bekommen hat, wahr oder unwahr sind. Und kam zum Schluß, es ist eigentlich gleichgültig. Sondern was immer geschah, ob einfach der Papa einem den Popo verhauen hat oder nur eine drohende Bewegung gemacht hat oder nur geschimpft hat, weiß Gott was, das Bild, das jetzt auftaucht, er hat es ja nicht so genannt, ist das ähnliche, das Simillimum. Und aus der Konfrontation des Bildes wird der Prozeß hervorgerufen und wird aus dem Bilde her das, was immer das Geschehen oder die Prädisposition war oder ist, zusammengefaßt und dem Archetypus wieder zugeführt.

Mich interessiert, welchen Archetypus finde ich in welchem Arzneimittelbild wieder?

Nein, es gibt keine solche Eins-zu-Eins-Zuordnung. Wir haben keine Bürokartei. Wir haben es mit einem Fluß zu tun. Und bitte, das ist vielleicht wichtig, in jedem Falle ist, worum es eigentlich geht, die Findung oder die Beziehungssetzung zum eigenen Lebensmythos, also zu dem Muster, das diesem individuellen Leben unterliegt, das ist immer eine Kombination von grundsätzlichen Formen. Sie malen ein Bild aus Rot, Grün, Blau usw. Aber Sie können nicht sagen, dieses Bild gehört zu dem Blau, zu dem Rot oder sowas. Sondern es sind immer wechselnde, künstlerische Kombinationsformen. Das läßt sich nicht quantitativ oder systematisch qualifizieren. Es ist der lebende Sturm immer, der diese Geschichte aufbaut, jene Geschichte aufbaut, diesen Hauptakteur hineinruft oder jenen. Es muß immer ein Neugefundenwerden sein, in jedem Drama. Sie können ja zum Beispiel auch Shakespeares Werke nicht nehmen und sagen, das ist dieser und jener Archetypus. Sie sind alle da, aber schwankende Gestalten immer wieder.

Aber kann man nicht vielleicht sagen, zum Beispiel eine Frau, die Sepia braucht, braucht die Begegnung mit ihrer Anima?

Welche Frau braucht das nicht? Oder welcher Mann? Aber in einer besonderen Form braucht sie es, nämlich in der Sepiaform. Und sehen Sie, das läßt sich nicht weiter definieren. Die beste Definition ist Sepia. Wenn Sie das dann weiter ziselieren und zerschnitzeln, dann geht Ihnen die Gestalt verloren. Das ist ein anderes Denken, ein Bilderdenken, ein künstlerisches Bilderdenken ist erforderlich. Deshalb ist es ja so schwierig für die meisten Ärzte. Denn die, die das könnten, zumindest bei uns, werden systematisch von der Medizin ausgeschlossen. Und wenn sie nicht ausgeschlossen werden, treibt man es ihnen im Spital aus.

Zu der eben gewesenen Frage möchte ich gerne noch sagen, ich glaube sogar, daß die stimmende Psychotherapie die Stimmigkeit der Homöopathizität des Heilwesens einfach bestätigt. Ich kann mit dem Kontrarium in der Psychotherapie oder mit Kontrariumverhalten gar nichts anfangen. Wenn ich bei einem Tic convulsiv dem Buben sage, laß das, oder die Eltern sagen, du blamierst die Familie, und dann der Lehrer sagt, das irritiert mich, wenn du vorne sitzt. Da ist nichts zu erreichen.

Es verschlimmert.

Wenn ich es aber mit ihm am Spiegel probiere und mit ihm arbeite, kriegen wir es weg. Bei Stotterern ist es ganz ähnlich. Durch Kontrarium ist nichts zu bewirken.

Absolut. Völlig richtig. Danke schön. Ich möchte noch eins hinzufügen, das können Sie selber ausprobieren. Wählen Sie einen Partner aus und zwicken Sie ihn in den Arm und sagen Sie ihm, er soll resistieren, also Widerstand leisten, und messen, wie weh das tut. Dann sagen Sie ihm, er soll sich in den Schmerz hineinfügen, hineinleben, er soll mit dem Schmerz mitgehen. Und messen Sie daran, wieviel weniger weh es tut. Das ist ein Grundphänomen. Können Sie sofort probieren, wenn Sie wollen. Das ist übrigens wichtig, wenn man beim Zahnarzt ist.

Ich hab eine Frage Bewußtsein betreffend. Es ist ja in der Therapie, sagen wir mal in der tiefenpsychologischen Therapie, sehr wichtig, Geschehnisse ins Bewußtsein zu heben, über die Träume oder Erlebnisse fühlbar und wiedererlebbar zu machen. Wie ist es bei Patienten, die die Praxis aufsuchen und keinen Zugang haben zu ihren Träumen, die nicht fühlen, die kaum eine Körperwahrnehmung haben. Ich hab viele Patienten, die so kommen. Mal angenommen, es gelingt, ein Simile zu finden für einen solchen Patienten, was ist ihre Erfahrung, was macht das mit deren Bewußtsein? Daß ich so-

zusagen die körperlichen Aspekte aufgreife, daraus ein Simile finde, aber was macht es mit ihrem Seelenleben? Was macht es mit ihrem Traumleben? Fühlen sie mehr? Hilft ihnen das, die Spaltung zu überwinden? Das ist für mich ein wirkliches Problem in meiner Praxis.

Ich würde sagen, ich kann darauf keine endgültige Antwort geben. Es ist manchmal ja, manchmal nein. Es ist schon möglich, das wenn man mit dem Simillimum anfängt, da was geschieht. Es ist auch möglich, das wenn diese Leute um der Therapie willen kommen, dann ist ja schon ein Bewußtsein da, daß etwas schief ist. Dann haben sie ein Minimalbewußtsein. Nun, wir müssen ja immer lernen, mit dem Minimalsten zu arbeiten. Da werde ich Ihnen etwas erzählen aus meiner Jugend. Da hatte ich so einen Patienten, und alles, worüber er sprechen konnte, waren seine gesellschaftlichen Probleme. Da hat er sich mit jenem, da mit diesem gestritten. Und darüber kamen wir nicht heraus. Ich reagierte darauf, ich spielte halt mit, und es ging schön, der Patient fühlte sich wohl und meinte, das wäre gute Arbeit. Ich meinte das nicht. Ich habe gedacht, wir kommen an die Träume nicht heran, wir machen ja nichts Tiefes. Und eines Tages sagte ich ihm das: Also jetzt müssen wir doch endlich mal zu arbeiten anfangen. Das war das letzte, was ich von ihm sah. Also das war mir eine gute Lehre. Dazu sagte Jung mal, es ist immer wichtig, daß ich in die Türe des Patienten reingehe. Später hoffe ich ihn dann zu meiner Türe zu führen. Aber das ist auch schon mit Vorsicht zu genießen, denn es ist ja nicht meine Türe, auf die es ankommt. Man muß schon bei der Patiententüre bleiben. Aber was er meinte, man kann dann irgendwie mit was anderem anfangen. Also haben Sie einen Ingenieur in Behandlung, dann werden Sie eben über Ingenieurprobleme reden müssen. Wenn Sie eine Frau haben, die aufs Stricken versessen ist, dann müssen Sie über Sockenstricken mit ihr reden. Sie müssen sich an das halten, was vorliegt. Und manchmal, sehr oft, weitet es sich dann. Und dann kommt eines Tages plötzlich mal vielleicht ein Traum herein, der so durchschlägt, daß er erinnert wird. Das heißt aber immer noch nicht, daß Sie diesen Traum interpretieren sollen. Das müssen Sie auch überlegen, ob solche Aufnahmefähigkeit da ist. Also das ist immer höchst individuell und sensitiv. Aber es gibt eben auch sowas, wo es eben nicht geht. Aber die werden schon von vorneherein nicht zu ihnen zur Psychotherapie kommen. Die werden zu Ihnen kommen, weil sie ein rheumatisches Knie haben. Aber dann fangen Sie eben an mit dem rheumatischen Knie. Und sehen, wohin das führt. Was noch nicht psychisch verarbeitet wird, wird Ihnen körperlich begegnen. Darauf können Sie sich verlassen.

Ich wollte sagen, es ist ja außergewöhnlich, daß man einen Jungschen Analytiker und einen klassischen Homöopathen in einer Person antrifft. Und da möchte ich gerne die Gelegenheit wahrnehmen und jetzt diesmal den erfahrenen Analytiker fragen. Also ich hänge irgendwo fest mit einem Patienten. Vorausschicken muß ich, ich hatte eine 20jährige Frau, die sich die Haare ausriß, die zu mir dann anderthalb Jahre in die Therapie kam, die ich auch mit Belladonna, Belladonna war ihr Simillimum, behandelt habe. Und das ist also gutgegangen, ich hatte das Glück, sie hat die Haare wachsen lassen.

Bloß auf das Belladonna hin?

Nein, anderthalb Jahre lief auch eine Psychotherapie. Und daraufhin kam eine andere junge Frau aus derselben Stadt, auch mit kahlem Kopf. Aber sie hat sie natürlich nicht ausgerissen, sondern es ist nach der Menarche gekommen, ca. 6 Monate später sind die Körperhaare ausgefallen und alle Kopfhaare. Mit einer Alopecia areata fing es an. Es gab fast keine Symptome, außer, daß sie Mandel-

schwellungen hatte ab und zu, daß hinter den Ohren die Lymphknoten leicht geschwollen waren. Daß sie Lipome an den Beinen gehabt hatte, die aber wegoperiert worden waren. Und daß sie sehr scheu war und sich nicht wehren konnte. Ein lymphatischer Typ. Die Familie saß um sie herum, sie kam immer mit der ganzen Familie angereist. Sie brachte auch keine psychischen Symptome, keine Träume, nichts. Also ich fand, es war kaum möglich, an sie heranzukommen. Ich hab dann einfach gedacht, ich halt mich jetzt an den Kent, und da steht: Kahlheit der jungen Leute: Barium carbonicum und Silicea. Mit Barium hab ich angefangen.

Ich nehme an, es hat nichts genützt.

Doch. Nach einem Monat kam sie, sie hatte aber keinen Flaum auf dem Kopf, sondern sie hatte einen langen Streifen Haar, wie eine Indianerin. Das hat mich also sehr erstaunt, so lang. Innerhalb von einem Jahr hatte sie wunderschönes schwarzes Haar, sie sah aus wie Schneewittchen. Das hielt 4 Monate, und dann fing es wieder an mit kreisrundem Haarausfall. Sie hat schon angedeutet, sie hat Angst, daß es wiederkommt. Dann fing es also an. Es ist nicht so, daß ihr wieder alles ausgefallen wäre, aber ein Drittel der Haare ist wieder weg. Und jetzt saß ich da und habe überlegt, wo fange ich jetzt an.

In welcher Potenz haben Sie es gegeben?

Ich hab zuerst C-Potenzen, C 200 gegeben, hab aber dann, weil sie weit weg wohnte, LM-Potenzen gegeben, bis LM 90. Also angefangen von LM 18, LM 30, 45, LM 60, 90. Ich bin dann wieder zurück, ich hab gesagt, gut, dann gehen wir wieder zurück. Diesmal zu Silicea, weil sie hatte jetzt mehr Silicea-Symptome. Hab auch eine Nosode dazwischen gegeben, einmal Luesinum und einmal Tuberkulinum, weil nun die Mutter berichtete, sie hätte als Kleinkind eine Lungenentzündung gehabt. Es ist gestoppt, es geht nicht weiter. Und sie selber ist jetzt seelisch viel aufgeschlossener. Sie kommt jetzt allein und sie redet jetzt und sie ist nicht mehr das scheue Mädchen.

Können Sie einen Traum erzählen?

Traum hat sie noch keinen gebracht. Sie kann jetzt mehr so sprechen, aber sie hat noch keinen Traum gehabt. Und da spüre ich auch, da habe ich mich gefragt, ob da eine Gegenübertragung ist von mir.

Ich weiß nicht, wie ich Ihnen da helfen kann. Denn in so einem Falle hängt für mich sehr viel davon ab, die Spürung des Patienten zu haben. Zum Beispiel, wie sieht sie denn aus?

Sie ist lymphatisch, ein bißchen rundlich, ja sie könnte ein Calcium carbonicum-Typ sein. Das habe ich ihr seltsamerweise noch nie gegeben. Also vom Typ her wäre sie das.

Ist ängstlich, lymphatisch, aber Barium und Calcium sind feindlich. Aber sonst kann ich ohne die lebendige Gegenwart des Patienten wirklich nicht reagieren. Wenn ich einen Traum hätte, könnte ich mich daran orientieren, aber das könnte weiß Gott was sein. Das könnte sein, daß es ein anderes Simillimum noch ist, daß es ein psychisches Problem ist, ich weiß nicht.

Das Schockierende war eben nur, sie ist wirklich vorher von Klinik zu Klinik, von Professor zu Professor, auch bei homöopathischen Ärzten gewesen. Hat nichts gebracht. Und plötzlich zu unserer Überraschung kommt sie mit einer vollen, gewachsenen Mähne, schwarz, dunkel. Das hängt ein halbes Jahr, und das gleiche Mittel, der Versuch, auf diesem Wege wieder zu helfen oder überhaupt zu helfen, scheiterte. Es sieht sogar aus, als wenn es das zweite Mal ganz hartnäckig dabei bleiben würde.

Ich würde zunächst mal eine Barium carb. 100000, eine ganz hohe Potenz versuchen. Dann würde ich mir mal alle Komplementärmittel von Bar-c. anschauen. Im Heft von Gibson-Miller zum Beispiel.

Ja, hab ich.

Und da haben Sie nichts gefunden, was Ihnen in die Augen fällt?

Ich bin immer entlang an den Symptomen, die sie brachte. Sie hat einmal ein Gerstenkorn plötzlich gehabt, was nicht wegging. Und dann gab ich Staphisagria, sehr hoch, ich glaube 10000 gleich. Am Hinterkopf fehlten ihr auch die Haare sehr betont. Es paßt ja auch zu einigen Rubriken. An der Seite fehlte das Haar.

Haben Sie es repertorisiert?

Ja, hab ich.

Und was waren die führenden Symptome?

Damals..

Ich würde es nicht mit Damaligem versuchen. Ich würde bloß die Symptome nehmen, die ständig irgendwie untergründig da sind. Die absoluten Allgemeinsymptome. Oder das andere, mich auf die kleinen Mittel konzentrieren und sehen, was da passiert. Aber das sind alles bloß Möglichkeiten, es mag alles falsch sein. Leider kann ich da nicht weiter helfen.

Ich hab einen Fall, der ist fast identisch. Mit dieser Frau schlage ich mich seit drei Jahren rum mit Analyse, und es ist sehr viel besser geworden. Und ich bin inzwischen der Ansicht, daß dieser totale Haarausfall eine Sonderform der Neurodermitis ist. Und hab das auch entsprechend so aufgefaßt, kann man mit Mitteln zwischendurch mal versuchen.

Ja, wenn vorher eine Hautgeschichte da war, oder?

Das war bei ihr nicht.

Das hab ich bei anderen, ich hab mehrere jetzt. Es kommen natürlich viele jetzt.

Merkwürdig. Haben Sie jetzt auf drei Kahlköpfe Haare gezaubert, ohne das eigentlich zu wollen und zu können und zu beabsichtigen. Seitdem reisen Kahlköpfe von allen Seiten an.

Es fällt mir noch ein möglicher Zugang ein. Phantasieren Sie doch mal, was ist die Rolle oder was wäre das Bild dieser Frau im Leben als Nichtkahlköpfige. Also, wie würde sich ihr Leben anfassen, wenn sie nicht kahlköpfig wäre. Das ist der Adlersche Trick. Was wäre es, wenn das Symptom nicht da wäre. Die Antwort hat er dann genommen und angenommen, daß *das* vermieden wird. Also das ist oft zu oberflächlich, aber oft, wenn man das so mehr als Phantasie annimmt, dann kann man auf etwas kommen.

Schlüsselwert.

Ja. Also, was ist die Geste? Ist die Geste ein Altwerden, ist die Geste ein Haare ausreißen? Spüren Sie sich mal in ihre eigene Phantasie dieser Patientin rein.

Ohnmächtigkeit hab ich gedacht bei ihr.

Also gedacht gilt nicht.

Nein, vielleicht meditiert.

Also, dann schnüffeln Sie doch mal der Ohnmächtigkeit nach, und zwar psychologisch, und schauen Sie doch mal die Ohnmächtigkeit im Kent nach.

Kann man nicht an Schneewittchen denken. Sie erwecken die Assoziation zu Schneewittchen. Schneewittchen liegt im Sarg. Sie träumt ja dann auch nicht, sie ist ja ganz weg.

Aber bitte schön, diese Assoziation ist Ihre Assoziation und nicht die des Patienten. Und zwischen Phantasie und Assoziation ist ein großer Unterschied.

Und wenn man der Patientin Schneewittchen erzählt? Könnte man sie dadurch vielleicht aufschließen? Ich denke an einen Vortrag von Herrn Pfeiffer. Da hat er Schneewittchen für das Arzneimittelbild von Silicea herangezogen und hat das so interpretiert. Als Sie eben dieses Mädchen schilderten, mit der plötzlich gewachsenen, langen schwarzen Mähne, blasses Gesicht, da drängte sich mir das Bild von Schneewittchen auf.

Ich hab auch zu ihr gesagt, Sie sehen jetzt wie Schneewittchen aus, wie sie das erste Mal kam.

Und, war eine Reaktion darauf?

Sie hat sich sehr gefreut damals.

Erzählen Sie ihr doch mal im Detail die ganze Geschichte und sehen dann, was da aufkommt. Nicht wahr, da hilft nichts anderes als überall herumtasten, bis irgendwas anspricht.

Ich möchte noch auf die Frage von gestern zurückkommen. Nämlich die Bedeutung der Wahnsymptome beim Kent. Da haben Sie gesagt, man kann sich auf die Wahnsymptome nicht so verlassen.

Wissen Sie, ich bin mit dem englischen Kent, nicht mit dem deutschen Kent vertraut.

Wahnideen, Delusions.

Delusions, aha.

Ich arbeite sehr viel auch mit psychotischen Patienten. Da bleibt mir oft sehr wenig von den körperlichen Symptomen. Jetzt wollte ich sie fragen, ist es überhaupt so, daß, wenn Sie in erster Linie psychische, also seelische und geistige Symptome haben, daß Sie sich dann lieber auf die körperlichen verlassen?

Wenn ich es mit einer Psychose zu tun habe, werde ich mich im wesentlichen auf die körperlichen Symptome konzentrieren.

Obwohl die psychischen Symptome in der Hierarchie so weit oben stehen? Also die geistigen und seelischen Symptome sind ja sehr oft das Besondere, das Charakteristische.

Also, in der Psychose, in der richtigen Psychose sehe ich die seelischen Symptome als Symptome an. Nämlich als letzten Ausdruck, Folge der Erkrankung, aber nicht als die Erkrankung. Umgekehrt, in der somatischen Psychose sehe ich die Organsymptome als Symptome, als letzte Folgen des pathologischen Geschehens. Also, meiner Erfahrung nach, wenn ich es versucht habe – ich habe nicht übermäßig viele Psychosen gehabt – aber was ich auch von anderen Kollegen gesehen habe, die geben dann Hyoscyamus oder Stramonium oder dieses und jenes und es geschieht gar nichts.

Das ist auch meine Beobachtung.

Dann schiebe ich das beiseite und schau darauf, ob er Schweißfüße hat, wie die Haut ist und wie die Wetterreaktion ist usw., und das geht. Ja, ich hab Ihnen erzählt von diesem Fall, der Merkurvergiftung, von dieser angehenden Schizophrenie. Nicht?

Nein.

Ach so. Also, da wurde ich von einem Mann aus Israel aufgesucht. Der erzählte, er hat einen Sohn, der ist hospitalisiert, schizophren. Er kann sich an nichts erinnern, hat Zornausbrüche – ich kann mich an die Details nicht mehr erinnern. War in homöopathischer Behandlung und hat Stramonium gekriegt und hat Hyoscyamus gekriegt, alle diese schönen Sachen. Hat überhaupt keinen Eindruck gemacht. Ich hatte keine Fotografie von dem Sohn, die ich immer gern habe, kannte ihn bloß vom Erzählen des Vaters. Und ich war nicht sehr beglückt und war auch nicht sehr ermutigt. Aber jedenfalls, ich habe mich auf die Allgemeinsymptome konzentriert. Und was ich sah, war Merkur. Aber, da war ein Haken dran. Es war so genau Merkur, daß es mir nicht gut gerochen hat. Ich hatte schon früher Erfahrungen mit Merkurfällen gehabt, die sich dann als Merkurvergiftungen herausgestellt haben. Also da war meine Frage danach, was ist denn mit den Zähnen los. Wieviel Silberamalgamplomben hat er – er hatte alles voll. Und ich habe nichts verschrieben und gesagt, er solle erstmal alle diese schönen Sachen heraustun lassen. Und sehen, was dann geschieht. Das tat er, und es trat eine leichte Besserung ein. Also jetzt handelte es sich darum, welches Merkurantidot zu geben ist. Da saß ich wieder in der Soße, denn das einzige, was ich sehen konnte, war Merkur. Was ich dann tun konnte, da nahm ich mir mal die Liste aller Merkurantidote hervor und ging mit meinem schönen Knickemetall darüber und landete bei Phosphorsäure. Hab ich noch nie gehört. Und das zog dann durch und half und normalisierte für zwei Jahre. Dann saßen wir wieder fest. Und eine neuerliche Phosphorsäuregabe brachte eine Verschlimmerung. Ich wiederholte den Prozeß, ging wieder zum Gibson-Miller zurück, wieder über die Merkurantidote, und jetzt landeten wir bei Aurum. Die typischen Aurumsymptome habe ich niemals gehabt. Keine nächtliche Verschlimmerung, das hat gefehlt. Und Aurum hat gehalten, und jetzt ist er in der Armee. Also, das gebe ich Ihnen als Beispiel, wo ich eine Behandlung einer Schizophrenie mit völliger Außerachtlassung der mentalen oder geistigen Symptome durchgeführt habe.

Wenn ich, was bei Psychotikern häufiger ist, überhaupt nichts finde im körperlichen Bereich, ist es dann auch zulässig, Symptome heranzuziehen, die vielleicht zehn Jahre zurückliegen?

Absolut. Aber, wie gesagt, aus diesem Grund sage ich, die Delusion-Symptome helfen Ihnen da nichts. Die Tatsache, daß jener über weiße Schlangen phantasiert und der andere über lebendige Penisse und der dritte über rotgefleckte Eulen, damit können Sie kein Mittel finden.

Und können Sie nochmal erklären, warum Sie glauben, daß diese Rubriken »Wahnideen« nicht...?

Weil sie im hohen Grade persönlich konstelliert sind. Weil sie auf persönliche Konflikte oder auf persönliche Erlebnisse hinweisen, aber nicht darauf, wie der Organismus reagiert. Schauen Sie, nehmen Sie diesen anderen Fall, den ich erzählt habe, die Frigidität. Das Wahnbild waren Federn im Mund. Also wenn ich versucht hätte, Federn im Mund zu finden im Kent oder etwas ähnliches, es hätte nichts genützt. Die Federn im Mund waren ihr Trauma. Die Frigidität war die Reaktion darauf. Und diese Frau wird wahrscheinlich, glaube ich, ich habe noch nichts verschrieben, auf Sepia hinlaufen. Sehen Sie, aber im Sepia-Prüfungsbild finden Sie keine Federn im Mund.

Kent in seinen »Lectures« sagt ja auch, daß man nur die charakteristischen Symptome nimmt, und bei einer Psychose ist eine Wahnidee zur Pathologie gehörend. Und ist also nicht mehr charakteristisches Symptom, sondern charakteristisches Symptom ist höchstens, daß er auf den Mond empfindlich reagiert, und die Wahnidee ist ganz normal zur Krankheit, zur Pathologie gehörig.

Wenn man von der Psychose weggeht, würden Sie das für seelische Symptome auch gelten lassen, daß wenn jemand sehr viele Gemütssymptome mitbringt, daß man hier auch bemüht ist, sich auf die körperlichen ...

Die Leute, die sehr viele Gemütssymptome mitbringen, würde ich möglicherweise überhaupt noch nicht homöopathisch behandeln. Denn Leute, die Ihnen 25 Gemütssymptome bringen, sind wahrscheinlich übersensitiv und werden jedes zweite Mittel prüfen. Die werde ich erstmal stabilisieren, soweit es geht, und dann sehen, ob noch was nötig ist. Aber das ist eine Falle.

Analytisch stabilisieren? Wie stabilisieren Sie denn?

Ja, oder psychotherapeutisch oder was immer.

Welche Potenzen setzen Sie ein, wenn Sie mit Ihrer Apparatur testen?

Ja, 200, von manchen 500, 1000, 10000 und 30 natürlich. Das ist auch eine interessante Sache: Meinen Erfahrungen nach, wenn ich in gewöhnlichen Fällen das angebliche Simillimum herausbekomme und nicht sicher bin, dann werde ich mich nach den Potenzen richten (mit der oben beschriebenen Testmethode, Anm. d. Verlages). Und wenn die beste Reaktion in der 200sten oder in der 30sten ist und nicht in der 1000sten, wird es mir verdächtig erscheinen. Dann werde ich annehmen, daß es möglicherweise das Simile und nicht das Simillimum ist. Gewöhnlich, meinen Erfahrungen nach, testet das Simillimum am besten in der 1000sten, und wenn es ganz richtig ist, in der 10000sten. Das heißt nicht, daß ich es notwendigerweise dann auch in dieser Potenz gebe. Aber die Tatsache, daß eine recht hohe Potenz herauskommt, ist eine Bestätigung. Sehen Sie, da ist noch eine andere Geschichte. In diesem ganzen radiästhetischen Testen beruht es immer auf einer stillschweigenden Abmachung zwischen Ihnen und dem Geiste. Genauso, wie Sie ja zum Beispiel, wenn man mit dem I-Ging umgeht, da steht geschrieben, Kopf ist zwei und das andere ist drei oder umgekehrt. Da sage ich immer, das ist ganz egal. Das hängt von Ihrer Abmachung mit dem I-Ging ab. Wenn Sie beschließen, das eine ist zwei und das andere drei, richtet sich der I-Ging und die Münze danach. Also, wenn Sie jetzt die Potenz testen, welche die richtige Potenz ist, dann ist es eine Abmachung zwischen Ihnen und dem Spiritus. Wenn Sie die Potenz prüfen, um herauszufinden, ob das Medikament wirklich richtig ist, das ist eine andere Abmachung. Daher die Diskrepanz, daß ich die Potenz testen mag, aber sie nicht notwendigerweise gebe, oder dann zum zweiten Mal drübergehe und mich frage, also welches ist die beste Potenz. Das sind auch so Geschichten, die man nicht gerne veröffentlicht.

Ich wollte nochmal auf diese Wahnideen beim Kent zurückkommen. Ist das dann so, daß, wenn jemand eine Arzneiprüfung macht, daß er seine ganz persönlichen Wahnideen bekommt?

Absolut. Würde ich meinen,ja.

Dann habe ich das richtig verstanden.

Ich habe eine leichte Differenz mit meinem Arzt. Und zwar ist es so, ich habe eine C 200 bekommen, und das ist so, daß zwei wichtige körperliche Symptome sich sehr gebessert haben, und die Abfolge von Symptomen ist eindeutig rückwärts. Also ich bin so auf der Reise in die Vergangenheit. Aber mein Lebensgefühl hat sich überhaupt nicht gebessert. Und ich dachte, daß das dann das Entscheidende ist. Und jetzt ist es so, daß mein Arzt dahin tendiert, mir Sepia in einer höheren Potenz zu geben. Und da wollte ich Sie fragen, wie wichtig ist das einzuschätzen mit dem Lebensgefühl.

Was ist darauf geschehen, auf diese Potenz?

Die hab ich noch nicht, die soll ich erst kriegen. Was darauf geschehen ist, ist neben der körperlichen Besserung unter anderem auch, das war eigentlich meine zweite Frage, daß ich das Gefühl habe, daß ich so ein sehr großes Stück Liebe zu meinen wichtigen Personen verloren habe.

Das würde ich nicht auf Sepia schieben.

Nein?

Nein. Das würde ich vom Persönlichen angehen. Da würde ich sagen, daß möglicherweise Sepia etwas heraufgebracht hat, was unterirdisch war. Nicht wahr, da hat die Sepia, würde ich meinen, ihr Geheimbild sozusagen enthüllt.

Das kann eigentlich nicht sein.

Wenn diese Unterredung privat wäre, würde ich Sie jetzt nach ihren Träumen fragen.

Das geht nicht hier.

Natürlich, aber da vermute ich etwas.

Wenn ich Ihnen einen Traum erzähle, dann würden Sie...?

Nein, wenn Sie meine Patientin wären. Sie müssen bedenken, daß wir es mit zweierlei Dingen zu tun haben. Erst einmal ist es wahr, ist es richtig, daß die Vitalität sich bessert, immer eigentlich, wenn man das richtige Mittel gibt. Andererseits ist es aber auch richtig, daß Unterdrücktes hervorgebracht wird. Also, wenn ich ein anderes, einfacheres Beispiel nehme, Sie haben so ein bißchen Pusteln auf der Haut, und Sie nehmen jetzt eine Sulfur 10000. Sie fühlen sich besser, aber Sie fühlen sich auch miserabler, weil die Haut völlig ausgebrochen ist. Also, der Hervorbruch des bisher Unterdrückten macht einem ja auch nicht immer großartige Gefühle. Und die zwei streiten miteinander. Das scheint mir möglicherweise hier im Spiel zu sein.

Würden Sie nach dieser mageren Darstellung einfach sagen, okay, mal mit einer höheren Potenz probieren? Oder würden Sie von vorneherein sagen, lieber nicht?

Nein, ich würde zunächst mal dieser Entfremdungsdynamik psychologisch nachgehen und sehen, was dahinter steckt, ohne Sepia.

Sie sagten vorhin, wenn man einen Traum bespricht, ist das gefährlich, weil man die Geister aktiviert.

Bitte, im Kontext – wenn man einen Traum bespricht und dann nachher Auf Wiedersehen sagt.

Aber man muß das doch oft in der Sprechstunde.

Dann sehen Sie doch den Patienten wiederum. Was ich meinte, Sie kommen zu einer Teegesellschaft und der Herr Soundso erzählt Ihnen einen Traum und Sie interpretieren den Traum über dem Tee. Und nachher gehen Sie nach Hause und nachher geht er nach Hause. Er sitzt mit seiner Trauminterpretation da. Davon sprach ich. Aber natürlich, selbstverständlich arbeiten wir mit Träumen.

Denn man löst es ja nicht, man kann es ja oft über Jahre nicht lösen, was so ein Traum da...

Das hilft, aber oft hilft's nicht. Oft schlägt es direkt ein. Oft bedarf es ja bloß eines kleinen Anstoßes, um das ganze Loch aufzumachen. Und das wissen Sie ja vorher nicht. Auch wenn ich einen Initialtraum von einem Patienten bekomme, wo wir uns schon zu einer Behandlung verpflichtet haben, werde ich höchst vorsichtig sein.

Und zunächst vielleicht mir diesen Traum bloß anhören und gar nichts dazu sagen. Und warten, wo der Wind herweht überhaupt. Nach ein paar Wochen werde ich vielleicht auf den Traum zurückkommen. Es ist eine Gefahr der analytischen Einstellung, sich so ganz auf das Unbewußte zu stellen. Wir müssen immer auch fragen, wer ist der Mensch, wie er da ist, und wieviel kann er aushalten. Wieviel kann er *wann* aushalten. Es ist schon richtig, daß der Traum das bringt, was jetzt behandelt werden soll. Das habe ich auch geglaubt. Bin mit dem Fuß hineingestiegen und habe viel verwüstet. Was Sie noch nicht gesagt haben, können Sie nochmal sagen. Aber was Sie schon gesagt haben, läßt sich nicht mehr zurücknehmen. Im Zweifelsfalle: die Antwort ist nein. Das ist eine Gefahr des therapeutischen Ehrgeizes.

Ich hab noch eine Frage nach der Universalität des Ähnlichkeitsgesetzes. Und zwar, ich hab mich früher sehr viel mit Kunst beschäftigt. Vor allem mit der Frage, wie wirkt Kunst. Ein wichtiges Kunstmittel ist ja die Wiederholung. Und zwar oft die Wiederholung nämlich nicht des Gleichen, sondern es hat eine besondere Wirkung, wenn das Ähnliches ist. Also zum Beispiel man macht einen Vers, gibt einem andern Vers eine ähnliche Schwingung und das löst dann, also ich habe früher dann so eine richtige Erschütterung erlebt bei mir. Und ja, dasselbe in der Architektur, eine gotische Kathedrale, wenn bestimmte Formelemente so wiederkehren. Ich dachte, Schönheit heilt ja auch. Ist das eigentlich ein ähnliches Auslösen, was da passiert.

Und dennoch liegt im Reime verborgen noch ein Sinn. Habe nichts weiter dazu zu sagen.

Das ist schön für mich, weil es mein Leben so zusammenschiebt.

Ich möchte nochmal zurückkommen auf die Sache mit der Körpertherapie. Ich stelle mir vor, wenn in einem Körperbereich eine Ver-

spannung vorhanden ist, wo auch immer, daß diese Verspannung ja grundsätzlich ein Mittel des Organismus ist, sein Gleichgewicht zu erhalten. Das heißt, seine Symptomatologie möglichst weit außen zu halten, hinweg vom Zentrum, und er tut das über diese Spannung. Wenn ich jetzt mit einer Massage, mit Bioenergetik, mit irgendeiner Maßnahme versuche, diese lokale Spannung zu lösen, dann besteht meiner Auffassung nach doch die Gefahr, daß ich ein Ventil des Körpers, das er sich geschaffen hat, schließe, und daß dafür ein Ventil auf höherer Ebene aufgehen muß, weil ich ja auf der niederen Ebene der Muskulatur das Ventil geschlossen habe. Das kann unter Umständen schon nach ein oder zwei Behandlungen passieren, daß diese, besonders wenn der Patient relativ vitalschwach ist, daß sich diese ursprüngliche Spannung nicht wieder manifestieren kann. Und insofern ist meine Frage, welche Körpertherapien können tatsächlich heilen, ohne zu verschieben, und wo besteht die Gefahr der Verschiebung?

Also erstens, die Voraussetzung, die Spannung ist auch, wie Sie sagten, ein Balancierungsversuch. Wir haben es da mit etwas zu tun wie mit einem abgekapselten Abszeß. Richtig, wenn Sie da einfach hineinstechen und das rauslassen, dann haben Sie ein Chaos. Aber so ist die Körpertherapie aber nicht. Es wird nicht massiert, es wird nicht versucht, wenn es anständig getan wird, das gerade zu biegen. Das wäre Allopathie. Sondern die adäquate Körpertherapie ist ein Bewußtmachungsprozeß. Es wird berührt, es mag gedrückt werden, nicht um zu korrigieren, sondern um zu aktivieren. Auch osteopathische Behandlung, das ist ja auch keine Massage, sondern da wird das ausgefühlt und mal hineinbalanciert und gesehen, was da geschieht. Es ist ein exploratorischer Vorgang. Und dann ändert sich zunächst am Körper noch gar nichts. Aber es kommt Material ins Bewußtsein. Und mit dem wird dann gearbeitet. Das muß dann verarbeitet werden. Dann rührt man es wieder an. Also es ist kein Versuch, die Form zu ändern, sondern es ist immer eine Bewegung zur Bewußtmachung der Form. Oft geht es ja umgekehrt. Da haben wir wieder das Ähnlichkeitsgesetz, oft fängt man damit an, daß man die Pathologie verstärkt, zunächst. Zum Beispiel in der Bioenergetik, soviel ich weiß, fängt man hier oft anders herum an, indem man den Patienten in eine möglichst unbequeme Position bringt und ihn so stehen läßt, bis es ihm anfängt wehzutun und er merkt, wo die Spannungen sind. Und das ist mal zunächst genug. Dann wird das mal verarbeitet. Aber wenn es das Herausmassieren wäre, da hätten Sie völlig recht. Das wäre Unterdrückung, ganz klare Unterdrückung. Aber es geht ohnehin nicht.

Aber die Verschiebung scheint doch zu funktionieren. Ich habe das mehr als einmal gesehen, daß aus solchen Bodyworkshops am Wochenende oder aus irgendwelchen Selbsthilfegruppen etc. die Menschen mit entsprechenden Problemen hervorgegangen sind. Daß ihr ganzes seelisches Gebäude ins Wanken geraten ist, nachdem man ihnen quasi das aus den Knochen gequält hat.

Also das würde ich als Kunstfehler ansehen. Aber wie gesagt, ich bin ohnehin nicht glücklich über diese Wochenendzaubereien.

Es ist ähnlich wie in der Akupunktur. Wenn ich auf den Punkt des größten Symptoms mit der Nadel losgehe, richte ich entweder gar nichts oder ein Chaos an. Es geht sehr viel eleganter, irgendwo am anderen Ende anzufangen oder in der Körperarbeit die Energie zum Fließen zu bringen, und wenn sie diesen Bereich, diese Insel soweit umspült, daß sie reif ist, mit weggespült werden zu können, dann ist es meistens auch annehmbar. Dann kommt soviel portionsweise auch ins Gefühl und ins Bewußtsein, daß es noch zu verarbeiten ist. Was Sie beschreiben, ist sicherlich ein Vorgang, wo jemand einfach überfordert ist, das zu verkraften, was da passiert. Und der Ret-

tungsversuch ist natürlich die Verschiebung, woanders irgendwo wieder einen Halt zu finden; das, was da losgetreten ist, nochmal zu bremsen.

Wissen Sie, das ist so ein Taschenspielerkunststück, was da gemacht wird, schau mal, sieh mal, wie großartig ich bin. Aber das ist nicht ärztlich, das ist nicht Medizin. Und wir haben nun solche, diese Taschenspielerreisen. New Age.

New Age Workshops, genau.

Ich hab den Eindruck, daß die homöopathische Behandlung und die psychotherapeutische Behandlung in einem Punkt sehr viele Ähnlichkeiten haben. Nämlich, daß das Körperselbst in beiden Fällen sehr gestärkt werden kann. Und ich denke, das ist ein ganz entscheidender Punkt.

Das, was krank macht, wird heilen, aber das, was heilen wird, kann auch krank machen.

Dann gibt es neuerdings in Deutschland den Versuch, Arzneien neu zu prüfen, auch schon bekannte Arzneien, und dabei in erster Linie auf die Symptomatik der auftretenden Träume zu achten. Haben Sie dergleichen schon versucht, bzw. gibt es Erfahrungen darüber, wie wertvoll dergleichen sein kann?

Ich habe keine Erfahrungen darüber, denn es wird bei uns ja nicht mehr geprüft. Aber ich würde sagen, ich sehe das als einen positiven Versuch an, vorausgesetzt, daß erstmal der psychische Zustand und die Traumtendenzen *vor* der Prüfung klargestellt werden. Und dann gesehen wird, wie sich das verändert. Aber einfach damit hineinzugehen, das Mittel zu geben und dann die Träume aufzuschreiben, das ist sinnlos. Dann sind wir in genau derselben Suppe, in der wir vorher waren. Also ob das möglich ist, ob die Leute sich dazu die Mühe geben, das weiß ich nicht.

Unsere Prüfer früher haben ja sehr gut beobachtet und haben ja auch Träume, wo sie da waren, aufgezeichnet.

Nein, das müßte mehr sein als bloß Träume aufzeichnen. Die müßten wirklich den ganzen psychologischen Status erarbeiten, man müßte wohl mit diesen Leuten für eine Weile lang psychologisch arbeiten. Und sehen, was die grundsätzlichen Dynamiken sind.

Wie mit den Wahnideen, daß sie das Eigene produzieren und das praktisch das Eigene zum Ausdruck kommt.

Denn sehen Sie, zum Beispiel, nehmen wir an, Sie haben einen Prüfer und der träumt von Schlangen, und wenn Sie ihm das Mittel geben, träumt er von Würmern. Das gleiche. Und Sie wissen von keinem, wo es eigentlich hin will.

Ich darf mal was zur praktischen Prüfung sagen, ich hab das schon ein paar Mal mitbekommen, wie das gemacht wird. Es wird normalerweise in der Gruppe geprüft. Sehr oft werden Träume erzählt von Leuten, die das Medikament überhaupt nicht selber genommen haben, sondern die einfach erlebt haben, was für Träume sie jetzt in dieser Atmosphäre haben. Also es kommt auch noch ein gewisses Gruppenelement mit rein. Also es sind nicht nur individuelle Träume, sondern auch Gruppenerlebnisse, oder wie man das nennen will.

Worauf Sie hinauswollen, ist, daß die Gruppendynamik selber ein Faktor ist. Ja, das kann ich nur bestätigen.

Das wird da normalerweise auch mit als Prüfungssymptom in die Gruppendynamik mit einbezogen.

Ja, aber das ist eben kein Prüfungssymptom. Das ist ein Gruppensymptom. Wenn man diesen Bereich betritt, wird die Sache ungeheuer kompliziert. Das ist kein Grund, es nicht zu versuchen, aber man muß wissen, was man treibt.

Ich darf nochmal um Ihre Hilfestellung inbezug auf Bewußtsein und Unbewußtsein bitten. Das habe ich nicht ganz verstanden. Sie sagten, Bewußtsein ist das, was ich inbezug zu meinem Ich empfinde und weiß. Den Begriff des Unbewußten scheinen Sie nicht gelten lassen zu wollen. Sie sagen, wenn ich es recht verstanden habe, es gibt das andere, das sogenannte Unbewußte, und das ist das Bewußtsein, das zu meinem Ich noch nicht vorgedrungen ist.

Also, in der einfachsten Form. Ich kenne mich ausgezeichnet. Ich weiß alles über mich. Ich bin ein guter Mensch, ich werde niemals zornig. Ich will immer das beste usw. Und ich kenne mich sehr genau. Fragen Sie nun mal meine Frau, was Sie gesehen hat. Und erzählen Sie mir diese Geschichte wieder. Und ich sage: Ach, unmöglich. Das ist mir nie aufgefallen. Aber doch da. Das habe ich getan und habe es niemals gewußt.

Würden Sie den Begriff des Unbewußten streichen wollen?

Nein, ich finde, er ist ungenau. Erstens ist das Unbewußte ein Adjektivum, ein Eigenschaftswort. Also das was, das wird zu leicht reifiziert. Und zweitens ist es zu vereinfacht. Zum Beispiel: Ich gehe von zu Hause weg und habe alles, was ich brauche. Aber ich hab im Magen ein merkwürdiges Gefühl. Vielleicht verstärkt es sich, vielleicht nicht. Und eine Stunde später bemerke ich, daß ich etwas ganz Wichtiges zu Hause vergessen habe. Also ich hab es nicht gewußt, aber mein Magen hat es gewußt. Oder, was mir häufiger passiert ist, ich wache am Morgen auf, ein schöner Tag, und ich hab da einen richtigen Krampf. Ich weiß nicht warum. Und dann um vier Uhr nachmittags passiert etwas, was höchst unangenehm ist und wovor ich mich gefürchtet hätte, wenn ich es gewußt hätte. Ich hab es aber nicht gewußt, aber mein Magen hat es gewußt. Also mein Magen hat ein Bewußtsein sehr oft, das von Zeit und Raum unabhängig ist, das ich nicht habe. Also von mir aus ist es unbewußt, vom Magen aus gesehen ist es völlig bewußt. Also in diesem Falle unterscheide ich zwischen Ich-Bewußtsein und Magen-

Bewußtsein. Die Träume, wenn sie verstanden werden, erzählen uns ja fortwährend Geschichten über etwas, was wir nicht wissen. So sehr, daß ich es in meinem nächsten Buch als axiomatisch hinstelle, daß, wenn ein Traum interpretiert wurde und noch keine neue Information herausgekommen ist, der Traum noch nicht verstanden ist. Per definitionem bringt jeder Traum etwas Nichtgewußtes heraus. Der Traum weiß es, ich weiß es nicht. Das andere Interessante ist, daß, wenn Träume zum Beispiel zu wesentlichen Ereignissen Stellung nehmen, geschieht das meistens vorher und nicht nachher. Der Traum antizipiert schon ein Geschehen, das nicht nur mir noch nicht bewußt ist, sondern überhaupt noch nicht da ist. Vom Traum her gesehen ist es aber schon da. Da haben Sie den Unterschied zwischen dem Ich-Bewußtsein und Unter-Bewußtseinen. Und das ist Empirie, dafür stehe ich ein.

Darf ich nochmal fragen nach der Sinnhaftigkeit des Bewußtseins in der Entelechie der Krankheit? Da müßte man natürlich Bewußtsein werten, darum ging es mir. Welchen Wert hat das Bewußtsein in der Entelechie der Krankheit?

Welches Bewußtsein? Das Ich-Bewußtsein?

Ja.

Es will belehrt werden. Es ist das Objekt einer Lektion, wenn Sie so wollen. Anstatt sich zu fragen bei einer Krankheit, was ist es mir denn passiert oder warum passiert es mir oder was habe ich falsch gemacht, ist es sehr effektiv zu fragen, was will diese Krankheit mich lehren? Wenn Sie damit leben können, werden Sie auf Verschiedenes kommen.

Das hieße, Ich-Bewußtsein wäre eine Mehransammlung von Wissen.

Ja, das läßt sich nicht definieren, denn wenn Sie mich fragen, was Ich ist, ich weiß es nicht. Aber Ich-Bewußtsein ist eben das, was das

Ich zu wissen vermeint. Man geht im Kreis herum. Die Definition des Ichs ist Zentrum des Bewußtseins, und Bewußtsein ist das, was das Ich weiß.

Also, um gesünder zu werden, muß ich wissender werden in meinem eigenen Bewußtsein, meinem eigenen Ich-Bewußtsein.

Es kommt immer auf Bewußtseinserweiterung heraus. Und das nennen wir Wachstum.

Und dann haut es irgendwann um. Bewußtwerdung und wo ich ins Religiöse gehen muß, wo ich gar kein Bewußtsein hab, alles Bewußtsein verlieren muß, das Ich-Bewußtsein. Das ist notwendig.

Scheinbar. Das ist auch eine Empirie, die uns nicht erspart bleibt. Aber da scheint etwas vorzuliegen, das scheint zu geschehen, wenn unsere gegenwärtige Lektion beendet ist. Oft zum Beispiel hört man das »jetzt habe ich es geschafft« und danach tritt der Tod ein. Also vielleicht ist es gefährlich, es zu schaffen.

Findet das bildhafte Denken auch im Horoskop seinen Niederschlag oder nicht?

Das Horoskop ist ein Bild. Und zwar ist das Horoskop, wie ich sagen würde, ein Bild dessen, dem man ausgesetzt ist. Die Engländer sagen, that's your up against. Es ist nicht das Bild der Persönlichkeit, denn vom Horoskop können Sie nicht wissen, ob sie eine Kuh oder ein Mann oder ein Vogel ist. Aber sie können bloß wissen, welchen Einflüssen dieses unbekannte Ding ausgesetzt ist. Und Sie wissen natürlich auch nicht notwendigerweise – manchmal können Sie es ansehen – wie es sich dazu stellen wird.

Sie haben am Vormittag von diesen Fragestellungen der Planeten erzählt. Es wäre schön, von Ihnen zu hören, ob es Arzneien gibt, die typisch für diese Fragestellungen sind oder wo Sie vielleicht eine besondere Beziehung dazu gefunden haben.

Ja, ich hörte, daß ein Astrologe sowas ausgearbeitet hat. Ist mir nicht bekannt. Mein Einwand wäre, daß es eine recht komplizierte Sache ist. Zum Beispiel, ich habe sowas in der Akupunktur gesehen, da wurden bestimmte Punkte den Planeten zugeordnet, aber es ist nicht so einfach.

Es gehört auch nicht zur Fragestellung, denn den Planeten haben Sie eine Fragestellung zugeordnet. Und kann man da Fragestellungen mit dem Problem der Polarität auch in die Arznei zuordnen? Ich denke, es sind jetzt keine Rubriken im Kent, aber ich glaube eher, daß bestimmte Konstellationen mit der Reihenfolge der Planetenbedingtheiten, die Sie uns heute morgen aufgezeichnet haben, zu tun haben. Das Thema war ja ein anderes. Der Weg der Läuterung wurde praktisch angezeigt über bestimmte innere Entwicklungen.

Über bestimmte Allgemeinstufen. Im gegebenen Menschen sind diese Radien, diese Felder immer in verschiedenartiger Weise aufeinander eingestellt. Die Astrologie ist interessant und richtig und schön, aber je mehr Sie von der Astrologie wissen, desto weniger wissen Sie. Denn sie ist viel komplizierter, als es gemeinhin angenommen wird. Die gewöhnliche Astrologie mit 10 Planeten, 12 Tierkreisbildern und 12 Häusern ist bloß ein kleiner Ausschnitt aus dem, was wirklich wirksam ist. Da sind noch die Asteroiden, und viele kennen wir noch gar nicht. Da sind die Planeten der Hamburg-Schule, die auch wirksam sind. Da sind wahrscheinlich noch andere äußere Planeten. Und wenn Sie das ausrechnen, kommen Sie jetzt schon ungefähr mit 80 oder 90 Variablen heraus. Und das ist noch gar nicht alles. Durchschnittliche Astrologie ist Dilettantismus. Da werden wir noch viel mehr lernen müssen, bevor wir überhaupt anfangen, das in eine Ordnung zu bringen.

Darf ich noch etwas sagen zu der Frage des Kollegen. Weil Sie das anschnitten, ob man Astrologie mit Homöopathie verbinden kann..

Das meine ich nicht. Aber ich meine die Frage der Zuordnung zu den Planeten. Die Planeten sind bestimmten Fragen oder Polaritäten zugeordnet worden. Zum Beispiel, daß der Jupiter eine bestimmte Frage aufwirft. Meine Überlegung war, kann man auch bestimmte Arzneien zuordnen.

Aber schauen Sie doch. Der Jupiter wirft keine Frage auf. Der Jupiter wirft eine Frage auf in seiner Beziehung zum Saturn und zum Mars und zu dieser Häuserspitze und zu jener.

Gehen wir vom Jupiter weg und reden vom Patienten. Ich denke, der Patient wirft ja auch eine Frage auf.

Das tun wir ja ohnehin, daß wir uns an den Patienten wenden und schauen. Das ist dann die symptomatische Auswirkung. Da wissen wir wenigstens was. Es ist wenig, nicht genug. Aber wir wissen wenigstens etwas. Dort wissen wir überhaupt noch nichts.

Darf ich zu Astrologie und homöopathischen Mitteln, was hier aufgetaucht ist, noch eine Frage stellen? Ich beschäftige mich mit der Homöopathie, weil ich aus der Astro-Szene komme. Ich war vor einigen Jahren mit einem Mann zusammen, der diese Verbindung macht und der auch Heilungen hat mit homöopathischen Mitteln, die zum Teil mit dem Computer ausgeworfen werden.

Sie sagen vom Computer?

Das ist keine Frage, wie man dazu steht, zur Ethik des Ganzen. Das ist eine andere Sache, sondern für mich war es immer frappierend, und was ich bis heute nicht verstehe, und vor dem Hintergrund sind meine Fragen zu verstehen, wie kommt es, diese Zuordnung über Signaturen, die nichts mit der Arzneimittellehre zu tun haben, und dann doch ein Mittel zu nehmen, daß bei Personen, auch bei psychotischen Personen, Heilungen stattfinden. Wie stehen Sie dazu. Sie haben es gestern schon verneint.

Meine Verneinung ist eine praktische und nicht eine theoretische.

Also das möchte ich klarmachen. Schauen Sie, das Prinzip des Hologramms trifft überall zu. Das heißt, Sie können alles aus allem finden. Nämlich, *wenn* Sie es finden können. Und da liegt es. Und was mir bekannt ist, sind alles große Vereinfachungen. Außerdem noch ein anderer Einwand. Meiner Erfahrung nach schwindeln die Astrologen sehr oft mit ihrer Intuition. Sie treffen es genau hin, aber nicht aus dem Lesen des Horoskops, sondern einfach aus dem sechsten Sinn, mit dem sie lesen.

Das Horoskop ist wie ein Sensitivitätsamplifikator unter Umständen. Man kann unter Umständen auch über das Horoskop als Meditationsmedium dann die Intuition wecken.

Sicherlich.

Aber trotzdem glaube ich, daß es in Einzelfällen möglich ist, das homöopathische Arzneimittel im Horoskop zu entdecken, einfach aufgrund der Überlegung, daß das Horoskop auch ein Analogon derselben Form, des Musters ist, das wir im homöopathischen Arzneimittel haben und deswegen ja in der Konstitution zum Beispiel haben. Also ich arbeite damit sehr intensiv, und ich schaffe es da aber auch nicht, zu einer grundlegenden Systematik zu kommen. Es gelingt immer nur in Einzelfällen. Aber die sind so faszinierend, daß man sich da festbeißt. Aber ich glaube, es liegt wirklich daran, wie Sie sagen, daß die Astrologie schlecht gehandhabt wird. Wir sind zu dumm für die Astrologie. Ich glaube, es ist soviel drin, es steckt tatsächlich das Mittel sicher drin. Wir finden es nur nicht. Aber ich würde gerne ein Beispiel dazu sagen. Ich habe einen Patienten, der ganz symptomarm ist. Leicht depressiv, Darmblutungen. Da hab ich mit viel Mühe herausgefunden, daß die Darmblutungen nach Situationen kommen, wo er sich ohnmächtig, machtlos fühlt. Und das ist eigentlich alles, was ich so von ihm rausgekriegt habe. Dann hab ich mir sein Horoskop angeguckt und dann sehe ich, mein Gott, das ist ein total machtvoller Mensch, ein totaler Hyperlöwe. Dann habe ich ihm einfach daraufhin Aurum gegeben. Und ich bilde mir ein, daß es jetzt nicht die Intuition war, sondern daß es..

Ich bilde mir ein, es ist die Intuition. Denn Machtvolligkeit heißt nicht notwendigerweise Aurum. Es ist richtig, daß ein frustrierter Löwentypus zu den miserabelsten Menschen gehört, die es gibt. Aber das heißt noch nicht notwendigerweise Aurum. Und wenn wir solche Fragen stellen, stellen wir immer die Frage nach der notwendigen Konsequenz. Und darin, daß Sie von daher auf Aurum geschlossen haben, darin liegt Ihre Intuition. Und das ist aber leider nun nicht allgemein übertragbar.

Ja, ich weiß, das ist schon klar.

Ich hab noch eine Frage zu dem Weltgeist und zu den Feldern, von denen Sie gesprochen haben. Vor fünf oder sechs Jahren sind in Amerika 7000 Menschen zusammen gekommen und haben drei Wochen lang meditiert für den Frieden. Und in dieser Zeit soll es auf der Welt sehr friedlich zugegangen sein. Halten Sie das für möglich?

Ja, halte ich für möglich. Ich würde aber sagen, daß hier eine Diskrepanz besteht zwischen der Bemühung und der Macht und der Gefahr, gegen die sie sich wendet. Mit anderen Worten, daß es noch viel größerer Bemühungen und Bewußtseinserweiterung bedarf, um das wirklich grundlegend hervorzubringen. Aber es ist ein Schritt in die richtige Richtung, absolut. Und ist sicherlich wirksam innerhalb des Möglichen. Mit einem einzigen Einwand hier. Es mag nicht genügen, sich auf Frieden einzustellen. Man müßte sich auch einstellen darauf, die Aggressionstendenzen zu assimilieren und zu konfrontieren. Man kann temporär beiseite schieben, aber man kann es nicht auf die Dauer beiseite schieben. Und unser Bewußtsein unserer Aggressivität ist eben noch nicht weit genug, um einen Dauerfrieden zu gewährleisten.

Das wäre ja auch Tod, wenn ich Sie richtig verstanden habe. Der Dauerfriede hieße ja Tod.

Na gut, aber man kann sich ja auch anders streiten.

Wenn Streit Frieden beinhaltet, dann ist es gut.

Noch etwas anderes, wissen Sie. Da kommen wir auf sehr subtile Sachen. Wir haben es ja nicht nur mit Individualfeldern zu tun, sondern auch mit Gruppenfeldern, Kollektivfeldern, also Gruppenseelen, wenn Sie so wollen, und auch kosmischen, planetarischen Feldern. Die bestehen aber nun aus Synthesen dessen, was vom einzelnen kommt. In der heutigen Situation, würde ich sagen, ist das Gruppenfeld vergiftet. Und zwar vergiftet von unterdrückten Aggressionen, die überall sind und nicht konfrontiert werden. Nun kommen sie mit ihrer Friedens- oder Gesundheitsmeditation herein und können es nun wegdrängen. Aber bitte schön, wohin geht es denn? Also es scheint sehr oft, daß, damit der eine gesund wird, jemand anderer krank werden muß. Weil die Kraft nicht assimiliert ist, sondern einfach weggeschoben wird. Und das ist immer desto leichter der Fall, wenn die negative Seite nicht anvisiert wird.

Ich habe nicht verstanden, was heißt Aggressionstendenzen assimilieren? Was heißt das konkret?

Sie in etwas Kreatives zu verwandeln. Also zum Beispiel, ich muß meine Überlegenheit zeigen. Zunächst zeige ich sie damit, daß ich soviele Köpfe wie möglich abschlage. Aber es gibt auch andere Methoden, mit denen ich meine Überlegenheit zeigen kann. Ich kann mich zum Beispiel mit mir auseinandersetzen und da meine Überlegenheit zeigen. Oder ich kann mich mit einem Problem auseinandersetzen. Es gibt also Läuterungsstufen, aber um diese anzugehen, muß man einmal die Prima Materia des Saturn in die

Hand nehmen, anstatt zu sagen, bitte schön, geh weg. Er geht nicht weg, er geht bloß woanders hin.

Wenn Sie Psychotherapie und Homöopathie bei einem Patienten gleichzeitig machen, haben Sie doch oft das Problem, Sie haben einerseits zum Beispiel bei der homöopathischen Anamnese Symptome. Sie wissen von der Psychodynamik, daß ein Symptom zum Beispiel unter Umständen eine Abwehrfunktion sein kann. Und Sie haben mich doch etwas verwirrt mit dem, was Sie zuerst gesagt haben, denn ich hab mich bei der Auswertung eines homöopathischen Mittels immer davon leiten lassen, nur nach dem, was ich wahrnehme. Und nicht von dem, was ich von meiner psychotherapeutischen Arbeit jetzt von der Dynamik dahinter vermute. Also konkretes Beispiel: Eine abgewehrte Depression würde mich jetzt für die homöopathische Anamnese nicht tangieren. Ich hab aber den Eindruck, daß Sie das sehr wohl tun würden. Daß Sie sagen würden, da ist eigentlich das Problem der Frigidität, und ich schaue einmal sozusagen in dieser Rubrik nach. Auch wenn es direkt nicht vom Patienten erzählt wird.

Auch wenn was nicht vom Patienten erzählt wird.

Auch wenn die Patientin ihnen nicht erzählt, daß sie frigide ist.

Sagen wir, hier haben wir das Problem der Symptomwertung. Sie verlassen sich darauf, was Sie sehen. Aber das, was Sie sehen, hat ja verschiedene Wertskalen. Sie sehen zum Beispiel auch, daß sie meinetwegen eine Warze am linken Finger hat. Aber ich werde diese Warze am linken Finger nicht notwendigerweise als Leitsymptom nehmen.

Würden Sie, wenn Sie sich sicher sind in der Diagnose, eine abgewehrte Depression heranziehen für die Ausarbeitung? Eine nicht in Erscheinung tretende oder eine kompensierte.

Ich würde es sicherlich als Symptom berücksichtigen und meine

Auswahl unter Mitteln treffen, die Depression haben. Die Zahl aber der Mittel, die Depression haben, ist mindestens 500, wenn nicht 1000. Also ist Depression als solche wertlos für die heuristische Findung. Die Mittel aber zum Beispiel, die Angst vor einem Gewitter haben, sind bloß 15 oder 20. Oder die Mittel, die meinetwegen ein Jucken nach dem Bad haben, ist auch gering. Damit werde ich also das Jucken nach dem Bade höher bemessen als die Depression. Theoretisch ist es wesentlich, praktisch mag es nutzlos sein. Und für die Arzneimittelfindung kommt das Praktische wieder.

Ich habe eine Frage zu Ihnen persönlich. Es war doch früher selten, daß Homöopathen Kenntnisse der Tiefenpsychologie hatten. Ich denke, Sie haben sehr viel Erfahrung gemacht mit Mitteln, die bei psychischen Erkrankungen geholfen haben. Wenn ich mir zum Beispiel den Kent anschaue, dann denke ich mir oft, man merkt, daß es aus einer anderen Zeit ist. Haben Sie Aufzeichnungen gemacht, um sozusagen das auch zu erweitern, dieses Wissen? Ich denke, daß das die Richtung ist, wo man weiterarbeiten müßte. Daß gerade von der tiefenpsychologischen Seite sozusagen hier ergänzt wird.

Also, da muß ich schamrot werden und sagen: Nein. Aber wissen Sie, vielleicht sagen wir es so: Ich glaube, daß sich in der Charakteristik der Mittel und der Indikation nichts geändert hat. Was sich geändert hat, ist der Charakter der Krankheiten, die wir haben. Und das hat sich sogar innerhalb der letzten 20, 30 Jahre geändert. Nämlich die psychischen Reaktionen. Zum Beispiel, was wir heute als border line bezeichnen, das ist was ganz Neues, das ist so neu, daß die klassische Methodik, die Freud und Jung herausgearbeitet haben, völlig nutzlos ist bei denen. Nicht nur nutzlos, sondern sogar kontraindiziert. Das hat es also scheinbar zu dieser Zeit noch gar nicht gegeben. Aber die Mittel wiederum, die bei der geeigneten Konstellation verwendet werden, sind noch immer die gleichen.

Also das ist noch immer Sepia, Sulfur usw. und all die großen. Und da hat sich nicht viel geändert.

Für border line, meinen Sie?

Ob es border liner sind oder bloß Neurotiker oder was immer. Da hab ich nicht den Eindruck, daß sich was wesentlich geändert hat. Genauso wie zum Beispiel AIDS nicht existiert hat vor fünfzig Jahren. Aber die Mittel, die wir finden werden für AIDS, sind ja trotzdem die alten, guten Ladenhüter. Weil wir mal die Erfahrung haben.

Das heißt, es geht auch um eine gute Übersetzung der alten Symptome in neue Begriffe.

Das wäre wünschenswert, aber das kann sich jeder auch selber machen.

Eben fiel der Satz, daß ein Mann sagte, ich hab es geschafft und dann starb er. Es gibt allerdings auch großartige Beispiele von Menschen in schwerer Krankheit, daß das »ich will noch etwas schaffen« ein gesundheitbringendes Mittel wurde. Dafür bietet der von Ihnen und mir so geliebte Johann Wolfgang von Goethe ein gutes Beispiel. Er war über 80 und sehr, sehr krank. Dann kamen die Ärzte des Weimarer Fürsten und sagten, Goethe, jetzt hören Sie auf zu arbeiten. Sie haben soviel geschafft. Sie waren Minister, Sie haben Straßen gebaut, Sie sind gereist, Sie haben geschrieben, geschrieben, geschrieben. Wenn Sie noch ein paar Wochen leben wollen, hören Sie jetzt auf zu arbeiten. Goethe, schwach und blaß, sah die beiden an, schüttelte den Kopf und sagte: Nein, ich will meinen Faust II noch vollenden. Und dieser Wille war für ihn wie ein Simillimum. Als er dann, nach einem Jahr und vielen Monaten, den letzten Satz von Faust II geschrieben und die Klappe zugeklappt hatte, ist er zehn Tage später gestorben.

Ich würde noch dazu hinzusetzen, daß die Pensionierungssucht eine gefährliche Krankheit ist. Also man kann zugrunde gehen, wenn man es geschafft hat. Und man geht auch zugrunde, wenn man es aufgibt. Hören Sie auf, setzen Sie sich zur Ruhe, ist ärztlicher Blödsinn. Das hat Gustav Mahler getötet, daß ihm das auferlegt wurde. Also da ist heute schon vieles erkannt, daß das nicht das allerbeste ist. Aber das ist eines dieser Dinge, die man immer noch nachschleppt.

Ich habe ein kleines Verständnisproblem. Eben wurde gesagt, daß es gut möglich ist, daß, wenn eine Person gesund wird, eine andere krank werden kann.

Könnte oder müßte, ich weiß nicht.

Ja, ein Verständnisproblem, weil wir zum Beispiel gestern gesagt haben, oder war das heute morgen, es wird ein Teil des Universums gesund oder gesünder. Das sind ja eigentlich nur Amplituden. Das heißt, er kann ja nur gesünder werden, wenn er eigentlich mehr in die Mitte geht von den zwei.

Es ist noch mehr daran. Sie können das oft in Familiensituationen sehen.

Ja, die werden ja gesund. Haben wir gestern gesagt. Wird einer gesund, dann hat der nächste auch die Chance.

Wenn assimiliert oder wenn der Schwarze Peter rumgeschoben wird, das gibt es auch.

Das ist aber keine Heilung in unserem Sinne, wenn der Schwarze Peter weitergeschoben wird. Dann ist es nicht Heilung in unserem Sinne.

Nein, es ist nicht Heilung. Aber sehen Sie, sehr viele Familien, die meisten Familien und die meisten Gemeinschaften halten sich einen Sündenbock. Also einer oder eine, die allen Dreck kriegt. Und damit erhält die Familie ihre Pseudogesundheit. Da wird eben alles abgeschoben. Wenn es nun passiert, daß dieser Prügelknabe sagt, »genug« und geht, dann geht's los in der Familie. Da haben Sie es.

Das ist natürlich Definitionssache, ob die jetzt kränker werden in der Familie oder ob die gesünder werden.

Aber jedenfalls, Symptome, die vorher nicht da waren, treten auf. Deshalb haben wir ja jetzt auch Familientherapien!

Ich möchte da nochmal anschließen. Sie haben gesagt, ein Partner kann eventuell ein schlechter Therapeut sein. Andererseits kann er sozusagen auch das Simillimum sein, wenn er es schafft zu erkennen. Sind das jetzt zwei gegensätzliche Aussagen oder wie...?

Das Simillimum ist ja die Medizin, das Simillimum ist ja nicht der Arzt. Der Partner ist dieses Element, das den Kessel am Kochen hält. Aber er ist nicht der Koch. Also, der Partner rührt den Brei um, aber er kann nicht der sein, der Weisung gibt und sagt, wie man mit dem Brei umgehen soll. Sie können von Ihrem Partner nicht Anweisung bekommen, wie Sie Ihr Leben einstellen sollen. Und Ihr Partner kann nicht Ihr Therapeut sein.

Aber ich könnte in meinem Partner mein Simillimum sehen?

Ja, aber Sie müssen es dann leisten.

Ich habe eine Frage zu astrologischer Beratung. Was hier in Deutschland, ich weiß nicht, ob Ihnen in Amerika das auch geläufig ist, unter astrologischer Beratung läuft, ist, es kommt jemand hin und möchte über irgendein Lebensproblem oder überhaupt eine Beratung haben. Der Astrologe bietet häufig eine Deutung an mit einem Bild, einem psychologischen Bild. Was Sie heute und gestern sagten über eine Psychotherapie, müßte das in Ihrem Sinne ganz falsch sein, weil der zum Beispiel – bei einem Traum sagten Sie das – man soll nicht mit dem Traum spielen, zuviel anbieten. Der Patient soll es anbieten. In diesem Sinn müßte ja jede astrologische Beratung, die ich kurz charakterisiert habe, falsch sein.

Nicht falsch, aber unter Umständen gefährlich, ja, absolut. Und vor allem mit Astrologen, die nicht genügend psychologische Einfühlung haben. Und vor allem, der Astrologe kann ja bloß sagen, dies oder jenes ist da. Sobald er anfängt zu interpretieren, was das bedeutet, oder vor allem, was das in der Zukunft bringen wird, verläßt er schon den Boden, der legitim ist in der Astrologie. Außer, er oder sie sei denn adäquat psychologisch geschult. Aber dann geht es schon in die Analyse oder in die Psychotherapie herüber. Und viele tun das ja auch, und das ist schon in Ordnung.

Nehmen wir an, der Astrologe sieht sich oder hat Fähigkeiten, die in die Gegend eines Orakels gehen. Und seine Aussagen haben Orakelwert.

Ja, das ist gefährlich. Das ist höchst gefährlich.

Dieser Astrologe, ich nehme an, daß das derselbe ist, der homöopathische Mittel in sehr hohen Potenzen und zwar am Tag eventuell dreimal Argentum D 200 oder D 60, Stramonium, Tarantula, Tuberkulinum, alles in einer Woche den Leuten verschreibt. Ich weiß nicht, ob es dieser ist.

Ja.

Jedenfalls gibt es in Deutschland so einen Astrologen, und ich habe also schon Patienten bekommen, die im Begriff waren, aus dem Fenster zu springen, weil sie unter diesen Potenzen standen, unter diesen vielen Potenzen, und das ein Chaos in ihnen geschaffen hat. Der ist ganz gefährlich. Also, wenn es dieser ist.

Es ist immer die Grenzsetzung, auf die es ankommt.

Nochmal zu diesem Patienten, diesem Priester, der die Steißgeburt durchgemacht hat. Da hab ich so stark an Pulsatilla gedacht.

Sie können recht haben. Es war ein Pulsatillatyp. Aber ich habe ihm nichts gegeben. Sehen Sie, es ist noch was anderes. Wo ich den Eindruck habe, daß etwas seelisch erarbeitet werden soll und kann, gebe ich kein Medikament. Oder zumindest noch nicht. Denn das soll nicht erspart werden.

Aber die Homöopathie erspart einem ja nichts.

Manchmal doch. Oh ja. Manchmal ist sogar ein Dauerleiden notwendig, um zu etwas zu kommen. Schauen Sie, es kommt darauf an, was ist am besten zu welcher Zeit. Und wie gesagt, alles, was nützen kann, kann auch schaden, wenn es zur falschen Zeit gegeben wird.

In Hahnemanns Organon der Heilkunst, 6. Auflage, findet man aber durchaus Antithesen zu Ihrer Auffassung des Wertes der Wahnideen bei der Behandlung der Geisteskrankheiten. Der Paragraph 220 des Organon, 6. Auflage, sagt ja eindeutig aus: ».... setzt man hierzu (und gemeint sind damit die Körperkrankheitssymptome) noch den, genau von den Angehörigen und dem Arzte selbst beobachteten Geistes- und Gemütszustand, so ist das vollständige Krankheitsbild zusammengesetzt, für welches dann eine treffend ähnliche Symptome und vorzüglich die ähnliche Geisteszerrüttung zu erregen fähige, unter den antipsorischen usw. Arzneimitteln zur homöopathischen Heilung des Übels aufgesucht werden kann, wenn die Geisteskrankheit schon einige Weile fortgedauert hatte«. Der Paragraph 221 spricht dann davon, daß apsorische Mittel zu geben sind, wenn die Geisteskrankheiten quasi akut aufgetaucht sind, als Folge von Ärgernis, Schreck und solchen Dingen.

Daß dann welche Mittel zu geben sind?

Daß man dann die apsorischen wie Belladonna etc. gibt, daß man bei chronischen Geistesstörungen aber, die also schon einige Zeit fortgedauert haben, antipsorische etc. geben soll, die aber in der Lage sind, einen ähnlichsten, vorzüglich einen ähnlichsten Geistes- und Gemütszustand hervorzurufen. Das widerspricht ja Kents Vorlesungen zur Theorie der Homöopathie.

Das widerspricht Kent?

Ja, es gibt in der deutschen Ausgabe von »Kents Vorlesungen zur

Theorie der Homöopathie« eine Fußnote von Pierre Schmidt, die besagt, daß die Symptome der Geistes- und Gemütskrankheiten lediglich pathognomonisch seien und daß diese deswegen nicht zu berücksichtigen seien zur Arzneimittelwahl oder nach hinten zu stellen sind.

Ja, aber ich glaube doch, man muß das alles in einem weiteren Kontext sehen. Denn was Hahnemann sagt, ist ja ziemlich allgemein, und es ist ja tatsächlich so, daß, sagen wir, Lycopodium oder Pulsatilla zwei ganz verschiedenen Persönlichkeiten mit verschiedenen Gemütszuständen gegeben wird. Das ist ja axiomatisch. Und das ist das einzige, was ich darin sehe. Aber ob ich nun ein bestimmtes Medikament gebe, weil er eine Vision von Schlangen hat oder eine andere von Drachen oder die Jungfrau Maria sieht, das ist wieder was anderes.

Ja, das ist richtig. Die Wertigkeit eines Symptoms kennt man ja aus der Erfahrung heraus. Die Träume taugen nichts etc. Das ist ganz klar. Aber soweit ich das vorhin verstanden habe, gehen Sie dann ja auch mehr auf die körperlichen Symptome unter Hintansetzung der Geistes- und Gemütssymptome.

Aber wie gesagt, bloß aus praktischen Gründen. Aber sicherlich würde ich einem feurigen Temperament in der Psychose nicht Pulsatilla geben. Das spielt mit hinein. Aber auf die Tatsache, daß er wütend tobt allein kann ich das Mittel nicht wählen. Ein Beispiel: Da hatte ich vor einigen Jahren mit einem jungen Mädchen zu tun, schwer depressiv und suizidgeneigt; das war im wesentlichen der Zustand. Und zwar wurde die Depression immer verstärkt, wenn sie nach Hause kam. Vor allem, wenn sie nach Hause kam oder wenn sie zur Schule ging. Damit hatten wir zunächst mal zu arbeiten und hatten zu tun damit, daß von den Eltern her ein ungeheurer Druck ausgeübt wird auf ein Wesen, das fundamental künstlerisch und intuitiv angelegt war, sie in intellektuelle Hochleistungen zu zwängen. Aber damit konnte ich kein Mittel finden. Wir kamen ein Stück weiter, es wurde besser, und da kamen immer wieder Rückfälle. Die Mutter war psychotisch außerdem. Bis sich glücklich rheumatische Schmerzen in den Knien und Gliederschwächen entwickelten, und jetzt bekam ich Modalitäten *dieser* Störungen. Und aufgrund dieser Modalitäten konnte ich Schwefel geben. Das hat diese Störungen beseitigt und hat auch die Depression aufgehellt. Aber mit der Depression allein konnte ich es nicht schaffen.

Ja, natürlich, wenn überhaupt keine körperlichen Symptome da sind.

Was mir da geholfen hat, war nicht die Depression, sondern die körperlichen Nebenerscheinungen.

Die Depression hatte keine ausreichende Modalität, war nicht charakteristisch im Sinne des Paragraphen 153 des Organon?

Ja, und das meine ich damit. Hätte sie Depression gehabt vor einem Gewitter zum Beispiel, das hätte schon ein bißchen mehr geholfen, aber auch noch nicht genug. Aber das Entscheidendste schließlich war, daß sie herausbekam, daß sie ihre Füße unter der Bettdecke immer heraussteckte in der Nacht. Also das war mir zehnmal mehr wert als die Depression und der Rest der ganzen Geschichte.

Aber wenn jemand Furcht hat, arm zu werden? Es kam zu mir eine Patientin, die einen großen Bauernhof hatte, mit allem, was sie brauchte, und die mit ihren Kindern in den Fluß fahren wollte, aus dieser Furcht, arm zu werden. Da habe ich Sepia genommen.

Aber das ist nun nicht mehr ein depressives Symptom, sondern das ist ein paradoxes Symptom. Und das ist wie ein Wunder, wie ein Signal. Das ist ganz was anderes.

Das Merkwürdige war, wir hatten gedacht, sie war zwei-dreimal da, plötzlich hörten wir da sie mit den Kindern in den Fluß fahren wollte, und dann hat sie das Mittel gegeben und dann kam sie nicht wieder. Dann haben wir gedacht, sie ist jetzt wirklich in den Fluß gefahren. Aber nach zwei Jahren trafen wir dann den Pfarrer, der sie brachte. Und der sagte uns dann auf dem Gehsteig, Sie hatten damals ja so geholfen bei der Frau, es ist alles erledigt. Nicht mehr aufgetreten.

Das möchte ich klarstellen. Ich sage nicht, daß Gemütssymptome unverwertbar sind. Ich sage bloß, daß sie spezifisch und charakteristisch sein müssen, sozusagen herausgemeißelt, um hilfreich zu sein.

Ich möchte Ihnen danken, denn es war mir ein Vergnügen, mit Ihnen zu arbeiten.